La Pensée Positive en 30 Jours

Manuel Pratique pour Penser Positivement, Former votre Critique Intérieur, Arrêter la Réflexion Excessive et Changer votre État d'Esprit

(Devenir une Personne Consciente et Positive)

MASTER.TODAY

Roger Reed

The Journey
of a thousand
miles begins
with a single
step.

-Lao Tzu

Introduction

À quoi pensez-vous lorsque vous entendez le terme *"pensée positive"* ?
Vous imaginez que penser positivement signifie être optimiste en
permanence ? Ou bien cela vous fait-il penser à une approche quasi-
mystique grâce à laquelle l'envoi de pensées positives vous apportera
santé, richesse et satisfaction ?

Ces deux hypothèses sont des malentendus. La pensée positive consiste à
apprendre à se concentrer sur les aspects positifs d'une situation donnée.
Cela ne signifie pas qu'il faut prendre à la légère les revers ou les
problèmes. Cela ne veut pas dire que vous serez toujours heureux, et cela
ne veut certainement pas dire ignorer la réalité. Cela signifie aborder tout
ce que vous faites en espérant que le résultat sera positif. Cela ne semble
pas très compliqué ou difficile, mais c'est en fait beaucoup plus complexe
que la plupart des gens ne le pensent. Beaucoup d'entre nous sont
conditionnés à être négatifs, à craindre le pire plutôt qu'à espérer le
meilleur. Nous ne sommes peut-être même pas conscients de cette
tendance, mais cette attitude peut imprégner tout ce que nous faisons.

Apprendre à espérer le meilleur en toute situation ne semble
probablement pas très impressionnant, alors pourquoi s'intéresser à la
pensée positive ? Un certain nombre d'études scientifiques ont établi des
liens remarquables entre la pensée positive et l'amélioration de la santé
physique et mentale. Par exemple, une étude menée en 2006[1] sur
plusieurs centaines de personnes a été réalisée par le professeur Sheldon
Cohen et une équipe de chercheurs de l'université Carnegie Mellon en
Pennsylvanie. Ils ont constaté que les cobayes ayant un PES (style
émotionnel positif) étaient nettement plus résistants lorsqu'ils étaient
exposés à un virus. Il ne s'agissait pas seulement du fait que ces personnes
étaient moins susceptibles de signaler des symptômes indésirables. Des
mesures minutieuses ont confirmé que, d'une manière ou d'une autre, les

---

1 Sheldon Cohen, Cuneyt M Alper, William J Doyle, John J Treanor, Ronald B
Turner, *Positive emotional style predicts resistance to illness after experimental
exposure to rhinovirus or influenza virus*, Journal of Psychosomatic Medicine,
novembre 2006.

personnes qui avaient un style de pensée positif étaient mieux à même de combattre l'infection. L'étude a conclu que :

"Ces résultats indiquent que le PES pourrait jouer un rôle plus important dans la santé qu'on ne le pensait auparavant".

D'autres études concordent et indiquent qu'en plus d'une meilleure résistance aux infections, le fait d'avoir une pensée positive réduit considérablement les risques d'hypertension artérielle et d'infarctus, vous donne une meilleure résistance à la douleur et peut même conduire à une augmentation de la durée de vie. L'idée que la pensée positive peut vous faire vivre plus longtemps peut sembler extravagante, mais elle est également étayée par des études. Dans une étude lancée dans les années 30 par des chercheurs de l'université du Kentucky[2], on a demandé à un groupe de jeunes religieuses catholiques d'écrire de courtes autobiographies. Il est surprenant de constater que les religieuses dont les récits écrits présentaient un contenu émotionnel positif ont vécu, en moyenne, 10 ans de plus que celles qui présentaient un contenu émotionnel négatif ! Il s'agit d'une amélioration plus notable que celle obtenue en adoptant un mode de vie plus sain, par exemple en arrêtant de fumer !

L'amélioration de la santé physique et de la longévité sont à elles seules de bonnes raisons d'apprendre à penser positivement, mais la pensée positive apporte également de profondes améliorations à la santé mentale. Il n'est pas surprenant que la pensée positive soit directement liée à une réduction de la dépression, de l'anxiété et des pensées suicidaires. Ce que l'on sait moins, c'est que la pensée positive est également associée à une meilleure créativité, à une plus grande capacité de résolution des problèmes et à une probabilité plus élevée d'adopter un mode de vie sain.

Barbara Fredrickson, doctorante, est professeur émérite Kenan à l'université de Caroline du Nord à Chapel Hill et directrice du laboratoire PEP (Positive Emotions and Psychophysiology, soit Émotions Positives et

---

2 Deborah D. Danner, David A. Snowdon, et Wallace V. Friesen, *Positive Emotions in Early Life and Longevity : Findings from the Nun Study*, Université du Wisconsin, 2001.

Psychophysiologie) de l'université. Dans une interview pour le programme *BeWell* de l'université de Stanford, elle a déclaré :

> *"Nous apprenons que les émotions positives agissent comme des nutriments. Si les expériences de joie, de gratitude ou de sérénité peuvent sembler fugaces et sans conséquence, la science montre que ces expériences influencent le fonctionnement de notre cerveau, ouvrant nos mentalités pour qu'elles deviennent plus englobantes et plus flexibles.* [3]*"*

Ces études et les recherches en cours montrent clairement que si l'apprentissage de la pensée positive ne vous garantit pas la richesse ou le succès instantané, il vous permettra d'être en meilleure santé, de vivre plus longtemps et d'améliorer votre bien-être mental. La pensée positive n'est pas une capacité innée, quelque chose que l'on possède à la naissance. Il s'agit d'un ensemble de compétences et de techniques qui peuvent être apprises par n'importe qui, quel que soit son état d'esprit actuel. Ce livre vous apprendra à devenir un penseur positif.

Êtes-vous prêt à apprendre la pensée positive et à changer votre vie pour le mieux ?

The power of positive emotions, retrieved from https://bewell.stanford.edu/the-power-of-positive-emotions/, May 2021.

VOTRE CADEAU GRATUIT

Nous aimerions vous offrir un cadeau pour vous remercier d'avoir acheté ce livre. Vous pouvez choisir parmi tous nos autres titres publiés.

Vous pouvez obtenir un accès immédiat à tous nos livres en cliquant sur le lien ci-dessous et en vous inscrivant sur notre liste de diffusion :

https://campsite.bio/mastertoday

Nos autres livres

Force Mentale et Maîtrise de la Discipline : *Renforcez votre Confiance en vous pour Débloquer votre Courage et votre Résilience !*

(Comprend un Manuel Pratique en 10 Étapes et 15 Puissants Exercices)

Pour en savoir plus, cliquez ici :

https://master.today/books/mental-toughness/

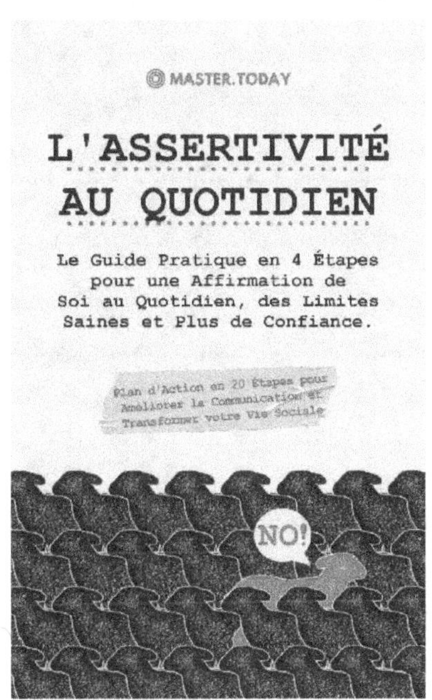

L'Assertivité au Quotidien : *Le Guide Pratique en 4 Étapes pour une Affirmation de Soi au Quotidien, des Limites Saines et Plus de Confiance*

(Plan d'Action en 20 Étapes pour Améliorer la Communication et Transformer votre Vie Sociale)

Pour en savoir plus, cliquez ici :

https://master.today/books

Contenu

Chapitre 1 : Qu'est-ce que la pensée positive ?

Ce chapitre présente les principales idées qui sous-tendent la pensée positive. Nous expliquons ce qu'elle est et, ce qui est peut-être tout aussi important, ce qu'elle n'est pas. Il existe de bonnes preuves scientifiques qui montrent que la pensée positive peut améliorer considérablement votre santé physique et mentale, mais certaines approches utilisent ce terme pour désigner quelque chose de mystique et non confirmé par la science.

Êtes-vous un penseur positif ?

Avant de voir comment adopter les habitudes de la pensée positive, nous devons déterminer ce que sont les habitudes positives.

Dans son livre *The Emotional Life of Your Brain*[4] , le fondateur du Center of Healthy Minds de l'université du Wisconsin-Madison, le Dr Richard J. Davidson, cite des preuves neuroscientifiques à l'appui de son affirmation selon laquelle notre personnalité résulte d'une combinaison de six styles émotionnels seulement :

- La **résilience** désigne la capacité d'un individu à faire face à l'adversité et à s'en remettre.
- Les **perspectives** font référence à la capacité d'un individu à maintenir une attitude positive envers l'avenir.
- L'**intuition sociale** concerne la capacité d'une personne à reconnaître les indices non verbaux lors d'une interaction avec d'autres personnes.
- La **conscience de soi** désigne la capacité à être conscient de ses propres émotions et de ses sensations et signaux physiques.
- La **sensibilité au contexte** concerne la manière dont les réponses émotionnelles et comportementales d'une personne prennent en compte le contexte d'une situation.
- L'**attention** est la capacité à rester concentré et à ignorer les distractions.

Les styles émotionnels sont différents des états émotionnels. Un style émotionnel représente un modèle global de réponses émotionnelles. Un état émotionnel est une réponse émotionnelle transitoire à une situation particulière. Par exemple, votre état émotionnel après un revers ou une déception peut être la tristesse, mais votre style émotionnel global peut rester positif.

Dans chacun des six styles émotionnels identifiés par Davidson, une personne a tendance à être soit positive, soit négative. Les personnes qui

---

4 Richard J Davidson Ph.D., Sharon Begley, *The Emotional Life of Your Brain : How Its Unique Patterns Affect the Way You Think, Feel, and Live--And How You Can Change Them*, Avery Publishing Group, 2012.

obtiennent généralement un score élevé dans les six catégories sont considérées comme ayant un style émotionnel positif (PES). Les personnes qui obtiennent un score moins élevé sont considérées comme ayant un style émotionnel négatif (NES). Un certain nombre d'études suggèrent fortement que nous pouvons modifier nos styles émotionnels par un entraînement délibéré et systématique.

Avez-vous un PES ou un NES ? La plupart d'entre nous savent intuitivement si nous avons tendance à être positifs ou négatifs, mais il peut parfois être utile d'évaluer objectivement nos schémas émotionnels.

Pour ce faire, réfléchissez honnêtement à la façon dont vous répondriez aux questions suivantes sur vos propres styles émotionnels :

La résilience. Réagissez-vous positivement aux revers et aux problèmes ? Vous remettez-vous rapidement d'un revers ? Si quelque chose ne va pas, est-il probable que vous réessayiez la même chose ?

Perspectives. Votre vision de l'avenir est-elle généralement positive ? Vous réjouissez-vous de votre journée lorsque vous vous levez le matin ?

L'intuition sociale. Êtes-vous conscient de ce que ressentent les gens, même s'ils ne parlent pas directement de ces sentiments ? Avez-vous déjà été conscient de ce que ressent une autre personne, même si les autres ne semblent pas le remarquer ?

Conscience de soi. Comprenez-vous facilement comment et pourquoi les gens réagissent à vos actions ? Êtes-vous généralement conscient de vos propres émotions ? Êtes-vous généralement conscient de votre corps et des sensations physiques que vous éprouvez ?

Sensibilité au contexte. Comprenez-vous intuitivement comment vous comporter de manière appropriée dans la plupart des circonstances ? Remarquez-vous quand d'autres personnes se comportent de manière socialement inappropriée ?

Attention. Êtes-vous capable de rester concentré ? Êtes-vous généralement capable de rester concentré sur une tâche jusqu'à ce qu'elle soit terminée ?

Il ne s'agit en aucun cas d'une évaluation complète de vos styles émotionnels, mais si vous pouvez généralement répondre *"Oui"* à la plupart de ces questions, vous avez probablement un PES. Si vous répondez généralement *"Non"*, vous avez peut-être un NES. Si vous souhaitez essayer un test de style émotionnel plus détaillé, il en existe plusieurs disponibles en ligne. L'un des meilleurs, développé avec l'aide du Dr Richard Davidson, se trouve sur le site de l'Université du Wisconsin-Madison :

https://uwmadison.co1.qualtrics.com/jfe/form/SV_cOdLb0V5wSgNAkR

Le fait que vous lisiez ce livre suggère que vous souhaitez apprendre comment transformer un NES en PES. Ce livre vous aidera à le faire en vous montrant comment adopter les habitudes de la pensée positive. Cependant, les styles émotionnels ne sont souvent pas cohérents dans tous les domaines de notre vie. Par exemple, vous pouvez être généralement positif et optimiste dans vos relations personnelles, mais vous pouvez être confronté à la négativité au travail.

C'est pourquoi vous voudrez peut-être vous évaluer plus d'une fois, en répondant aux questions pour différentes parties de votre vie ou dans les différents rôles que vous jouez (parent, collègue, ami, partenaire, etc.). Soyez aussi précis que possible lorsque vous identifiez les domaines dans lesquels un manque de pensée positive vous freine.

Lorsque vous êtes heureux d'avoir compris votre situation actuelle, vous pouvez essayer le premier exercice du chapitre 9, *Votre évaluation de la pensée positive*.

Quels sont les avantages de la pensée positive ?

Le fait que la pensée positive et le développement d'un PES aient un effet bénéfique direct sur la santé physique est désormais généralement accepté par la plupart des praticiens de la santé. Tant d'études le confirment que c'est devenu indéniable. Ce qui est moins clair, c'est pourquoi. Il existe de nombreuses théories sur les raisons pour lesquelles la pensée positive nous rend en meilleure santé et nous permet de vivre plus longtemps, mais la plus généralement acceptée est que la pensée positive réduit le stress.

Le stress est la façon dont nous réagissons à des situations que nous percevons comme dangereuses. Le stress n'est pas dangereux en soi. En courtes périodes, il déclenche notre réaction de "*lutte ou de fuite*", ce qui nous aide à éviter le danger. Le stress devient un problème lorsqu'il est toujours présent. C'est ce qu'on appelle le "*stress chronique*". Dans le monde moderne, beaucoup d'entre nous sont confrontés à des demandes contradictoires en termes de temps et d'attention. Nous nous sentons tirés dans différentes directions et il ne semble jamais y avoir assez de temps pour tout faire correctement. Le stress chronique a un certain nombre d'effets physiques directs. Ceux-ci incluent, mais ne sont pas limités à :

- **Hypertension artérielle**
- **Un cœur qui s'emballe**
- Au fil du temps, l'hypertension artérielle et l'accélération du rythme cardiaque peuvent **accroître le risque de crise cardiaque.**
- **Essoufflement**
- **Système immunitaire affaibli**
- Un taux **de sucre élevé dans le sang**, ce qui vous rend plus vulnérable au diabète de type 2.
- **Baisse de la libido**
- **Les** muscles sont tendus, ce qui entraîne des **maux de tête et des douleurs dans le dos et les épaules.**

Le stress chronique est également directement associé à des problèmes de santé mentale. Il peut conduire à des comportements problématiques tels que la suralimentation, l'insuffisance alimentaire, la toxicomanie, le manque d'exercice et l'abus d'alcool. Il peut provoquer des insomnies et des troubles de l'humeur tels que l'anxiété, l'irritabilité et même la dépression.

Beaucoup d'entre nous sont tellement habitués à vivre avec le stress au quotidien qu'ils ne le remarquent même plus. Pourtant, le stress chronique vous rend malsain et malheureux et vous empêchera presque certainement de vivre aussi longtemps que vous le pourriez.

Vous pourriez éliminer le stress en changeant complètement votre vie pour éviter les pressions qui en sont la cause. Vous pourriez quitter votre emploi, abandonner vos relations et aller vivre à la campagne. Pour la plupart des gens, cependant, ce n'est pas une option viable car elle exige un changement fondamental de votre vie et de votre travail. Il est important de se rappeler que le stress n'est pas un élément inéluctable d'une vie active et productive. Le stress n'est pas lié au monde qui vous entoure. Il s'agit de la façon dont vous percevez ce monde et y réagissez.

La pensée positive ne supprimera pas les facteurs qui causent le stress dans votre vie. Cependant, elle changera la façon dont vous interprétez ces facteurs, réduisant ainsi les effets du stress et tous les problèmes physiques et mentaux qu'il provoque. Ce seul fait est une bonne raison d'apprendre les techniques de la pensée positive, mais les avantages ne s'arrêtent pas là.

En devenant un penseur positif, vous améliorerez vos relations personnelles et professionnelles. Si cela vous semble peu probable, pensez aux gens avec lesquels vous aimez passer du temps. Combien d'entre eux sont des râleurs négatifs qui semblent toujours être misérables et malheureux ? Combien sont positifs, optimistes et confiants ? La grande majorité des gens préfèrent passer leur temps avec une personne optimiste. Si vous pouvez devenir un penseur positif, vous deviendrez également le genre de personne avec qui les gens veulent passer du temps.

Les personnes qui pensent positivement réussissent aussi plus souvent. Un certain nombre d'études indiquent que les personnes positives ont non seulement de meilleures relations et carrières, mais qu'elles gagnent également plus d'argent. Une méta-analyse d'études portant sur plus de 275 000[5] personnes a conclu que :

> "De nombreuses études montrent que les individus heureux réussissent dans de multiples domaines de la vie, notamment le mariage, l'amitié, les revenus, les performances professionnelles et la santé. Le lien bonheur-succès existe non seulement parce que le succès rend les gens heureux, mais aussi parce que l'affect positif engendre le succès."

Dans une autre étude portant sur des vendeurs dans le secteur des assurances, les personnes identifiées comme optimistes gagnaient en moyenne 88 % de plus que leurs collègues pessimistes.

La pensée positive n'est pas seulement une vague conviction que les choses vont bien se passer. C'est une façon d'aborder la vie qui vous rendra plus sain, plus riche et plus heureux. Ce livre vous montre comment devenir un penseur positif et vous permettre de réaliser tous ces avantages significatifs.

---

5 Sonja Lyubomirsky, Laura King, Ed Diener, *The Benefits of Frequent Positive Affect : Does Happiness Lead to Success ?* American Psychological Association, *Psychological Bulletin*, 2005.

Things will
be fine

Pourquoi la pensée positive est-elle si difficile ?

La plupart d'entre nous souffrent de ce que l'on appelle le biais de négativité, même si nous ne le reconnaissons pas. Le biais de négativité signifie que nous sommes enclins à concentrer notre énergie mentale et émotionnelle sur l'évitement des résultats négatifs plutôt que sur la recherche de résultats positifs. Ce biais est probablement né d'un mécanisme de survie humain. Aux premiers jours de l'humanité, le monde était dangereux et pour survivre, il fallait constamment prévoir comment éviter les dangers. Pour la plupart d'entre nous, dans le monde moderne, les questions de survie au quotidien sont moins pressantes, mais notre cerveau s'efforce toujours d'établir des priorités pour éviter les événements potentiellement négatifs.

En neurosciences, la façon dont nous percevons les choses qui nous entourent est appelée saillance. Plusieurs études psychologiques et de sciences cognitives ont montré que lorsque les intensités de perceptions concurrentes sont égales, nous avons tendance à concentrer notre attention sur celles qui sont, ou ont le potentiel d'être, négatives. De cette façon, la saillance présente un biais de négativité.

Ce biais de négativité peut se manifester de plusieurs façons, mais la plus courante est l'accentuation du négatif. Imaginez que vous ayez passé un test et obtenu une note de 90 %. Au lieu de vous réjouir d'avoir si bien réussi, le biais négatif vous irrite parce que vous avez raté les derniers 10 %. Au lieu d'être heureux de votre réussite, vous êtes malheureux de ne pas avoir fait encore mieux. Un certain nombre d'études confirment ce phénomène, la tendance montrant que :

- Dans les relations, il faut généralement cinq bonnes interactions pour être perçu comme contrebalançant une seule mauvaise interaction.
- Les gens font généralement beaucoup plus d'efforts pour éviter de perdre de l'argent que pour en gagner autant.
- Nous nous souvenons des expériences douloureuses et désagréables beaucoup plus clairement que des expériences agréables.

Comme le dit succinctement le psychologue Rick Hanson, auteur à succès[6] et membre principal du Greater Good Science Center de l'UC Berkeley :

> *"Il est plus sûr pour nous d'éviter les bâtons que de courir après les carottes."*

Même notre langage en est le reflet. Dans pratiquement toutes les langues du monde, il existe des mots et des termes beaucoup plus équilibrés et nuancés pour décrire les concepts négatifs[7]. Ce déséquilibre est particulièrement visible en ce qui concerne les émotions. Le vocabulaire disponible pour décrire les sentiments négatifs est généralement beaucoup plus vaste que celui qui couvre les sentiments positifs, ce qui nous incite peut-être à nous attarder sur le négatif et à écarter le positif ?

Il semble que notre cerveau soit encore en phase avec les besoins primitifs de la survie de base, ce qui nous amène à accorder plus d'importance à l'évitement du mal qu'à la recherche du positif. Pour devenir un penseur positif, vous devez apprendre à surmonter le biais de négativité.

---

6   Rick Hansen, Resilient: 12 Tools for transforming everyday experiences into lasting happiness, Harmony, 2018

7   Paul Rozin, Loren Berman, Edward Royzman, *Biases in use of positive and negative words across twenty natural languages*, Cognition and Emotion, 2010.

La pensée positive est-elle quelque chose qui s'apprend ?

Nous avons tous un grand nombre de pensées chaque jour. Il n'est pas facile de mesurer une pensée, mais la plupart des chercheurs affirment que nous avons entre 12 000 et 60 000 pensées par jour. En raison du biais de négativité, il a été estimé que jusqu'à 80 % de ces pensées sont négatives.

Ces statistiques sont effrayantes, mais la bonne nouvelle est qu'elles peuvent être modifiées. Nous sommes tous conditionnés par notre enfance, notre environnement et les personnes que nous côtoyons. Votre état d'esprit a été formé par un grand nombre de facteurs interdépendants. Cependant, votre mode de pensée actuel n'est ni fixe ni inévitable.

Notre cerveau développe des voies neuronales, des raccourcis qui nous amènent à répondre de la même manière à des stimuli externes. Par exemple, si vous allez boire un verre après le travail pour échapper au stress, votre cerveau va progressivement développer un chemin neuronal vous indiquant que le moyen de gérer le stress est l'alcool. Votre cerveau agira ainsi même si boire un verre n'est ni approprié ni possible. Ces raccourcis mentaux sont à l'origine de nombreux comportements problématiques.

Les développements récents dans le domaine des neurosciences nous indiquent que ces voies neuronales ne sont pas fixes. Si nous voulons changer un comportement, il nous suffit de prendre la décision consciente d'adopter le nouveau comportement. Si nous parvenons à maintenir ce nouveau comportement pendant une période comprise entre 30 et 90 jours, une nouvelle voie neuronale se formera. À ce moment-là, le nouveau comportement devient une habitude et l'ancien comportement est abandonné.

Dans ce livre, nous vous fournissons toutes les techniques dont vous avez besoin pour que la pensée positive fasse partie de votre vie. Si vous faites l'effort d'adopter ces nouveaux comportements, ils deviendront des habitudes. Cela conduira au remplacement de vos habitudes actuelles de pensée négative par de nouvelles habitudes qui favorisent la pensée positive.

Ce que la pensée positive n'est pas

Le succès de livres tels que *The Secret* [8] a popularisé l'idée que les pensées positives entraînent des résultats positifs d'une manière mystérieuse. Les adeptes de ce concept citent ce que l'on appelle *La Loi de l'Attraction*. *Selon* cette loi, les pensées sont considérées comme une forme d'énergie, et l'énergie positive attire les avantages en matière de santé, de finances et de relations.

Cependant, de nombreux neuroscientifiques et psychologues considèrent cette notion comme une pseudo-science. Ils affirment qu'il n'existe aucun fondement à la croyance semi-mystique selon laquelle, en ayant des pensées positives, vous attirerez d'une manière ou d'une autre des résultats positifs dans votre vie grâce à un mécanisme inconnu. Ce n'est pas le sujet de ce livre.

Ce livre est entièrement fondé sur la science et la psychologie. Il s'appuie sur les conclusions d'un grand nombre d'études publiées dans des revues à comité de lecture qui confirment que la pensée positive présente des avantages physiques et mentaux notables. Ce livre vous propose des techniques que vous pouvez utiliser pour devenir un penseur positif. Il n'y a aucune garantie que l'utilisation de ces techniques vous rendra riche ou séduisant.

Cependant, des preuves scientifiques accablantes montrent que l'utilisation des techniques décrites dans ce livre améliorera votre capacité à gérer le stress, réduira votre susceptibilité à des problèmes tels que l'hypertension et les crises cardiaques, renforcera votre système immunitaire et vous permettra peut-être même de vivre plus longtemps. Ces techniques réduiront également l'anxiété et la dépression, stimuleront votre créativité et votre confiance en vous, et vous permettront d'atteindre plus facilement vos objectifs.

La pensée positive n'a rien de mystique. Il n'y a rien de vague ou de mystérieux dans les avantages qu'elle procure. L'utilisation des techniques

---

8 Rhonda Byrne, The Secret, Atria Books, 2006

décrites dans ce livre ne vous rendra peut-être pas riche, mais elle améliorera votre santé et la qualité de votre vie.

Êtes-vous prêt à penser positivement ?

Chapitre 2 : La surpensée

La surpensée est un problème courant qui provoque de la détresse et des problèmes de santé. La surpensée bloque également l'utilisation des techniques de pensée positive. Ce chapitre explique ce qu'est la surpensée et comment elle peut vous affecter.

Qu'est-ce que la surpensée ?

L'enseignement bouddhiste propose une merveilleuse analogie pour la pensée intense et continue dont beaucoup d'entre nous souffrent. Il appelle ce passage constant d'une pensée à une autre "*l'esprit de singe*". Le Bouddha l'a décrit de la manière suivante :

> " *De même qu'un singe qui se balance dans les arbres saisit une branche et ne la lâche que pour en saisir une autre, de même, ce qu'on appelle pensée, esprit ou conscience surgit et disparaît continuellement de jour comme de nuit.* [9]"

Cette analogie, également connue sous le nom de *kapicitta* dans l'enseignement bouddhiste, décrit parfaitement la réaction de nombre d'entre nous lorsque nous sommes stressés et constamment bombardés d'informations. Nous sommes facilement distraits et incapables de nous concentrer sur une seule chose. Nous passons constamment d'une pensée préoccupante à une autre, sans pouvoir trouver de solution. Nous ressassons le passé, en particulier les choses que nous percevons comme des échecs. Nous nous concentrons sur l'avenir, en pensant à ce que nous pourrions faire le jour, la semaine ou le mois suivant. En fin de compte, nous manquons de concentration là où nous en avons vraiment besoin : Sur ce que nous faisons en ce moment même.

L'esprit de singe est également associé à l'insomnie. Nous nous allongeons, fermons les yeux et, au lieu de trouver la paix et la tranquillité, nous constatons que notre esprit s'emballe. Notre cerveau passe d'une pensée à l'autre, ce qui nous stresse et nous empêche de dormir. Les enseignements du Bouddha nous apprennent que les gens souffrent de l'esprit de singe depuis des milliers d'années. Cependant, dans le monde moderne, où tant de choses se disputent un instant d'attention, la souffrance de l'esprit de singe est encore plus courante. L'esprit de singe est l'ennemi de la pensée positive. Vous ne pouvez pas être positif si votre esprit vagabonde constamment d'une pensée à

Saṃyutta Nikāya, The Connected Discourses of the Buddha, trans. Bhikkhu Bodhi, Boston: Wisdom Publications, 2000

l'autre. L'une des techniques de la pensée positive consiste à apprendre à calmer l'esprit de singe, à trouver la tranquillité dans la concentration.

En psychologie, l'esprit de singe est appelé pensée excessive. Ce schéma de pensée implique des pensées incontrôlables ou intrusives qui vous empêchent de rester concentré sur quoi que ce soit. Il est souvent associé à l'obsession de ce qui pourrait se produire dans le futur ou d'événements passés. Il se concentre souvent sur la façon dont vous auriez pu agir différemment pour obtenir un meilleur résultat. Repasser constamment les événements du passé ou essayer de prédire la tournure que prendront les événements futurs est totalement improductif. Vous ne pouvez pas changer le passé. Votre capacité à contrôler l'avenir est limitée. Vous devez plutôt apprendre à concentrer toute votre attention et votre énergie sur le moment présent.

Quand la surpensée devient un problème

Dans une certaine mesure, nous réfléchissons tous trop. Le monde moderne peut être un endroit trépidant avec des demandes concurrentes sur notre temps et notre attention. Dans cette situation, rares sont les personnes qui peuvent rester tranquilles en permanence. La plupart des gens ont parfois du mal à dormir. C'est souvent parce qu'ils sont préoccupés par le passé ou l'avenir.

La surpensée ne devient un problème grave que lorsqu'elle est chronique et vous affecte à long terme. Si vous souffrez de pensées excessives chroniques, cela a un impact sur votre capacité à établir des relations avec d'autres personnes et vous empêche de fonctionner efficacement chaque jour. La surpensée vous rend stressé, fatigué et obsédé par des pensées négatives telles que : *"Ai-je dit la bonne chose ?" "Aurai-je l'air stupide à la réunion de demain ?"*

Lorsque vous n'arrivez pas à faire les choses parce que vous avez peur d'échouer ou de répéter les erreurs du passé, ou lorsque vous ne pouvez pas vous concentrer sur ce que vous faites parce que vous vous inquiétez du passé ou de l'avenir, la surpensée peut devenir un trouble qui affectera tout ce que vous faites. Elle peut entraîner de l'anxiété et du stress et est associée au trouble obsessionnel-compulsif, voire à la dépression.

Souffrez-vous de surpensée chronique ?

Les symptômes de la surpensée

Comment savoir si vous êtes un penseur excessif ? Il existe un certain nombre de symptômes physiques et mentaux. Si vous en souffrez, vous êtes peut-être en train de surpenser. Voici quelques-uns des principaux problèmes physiques liés à la surpensée :

L'insomnie. C'est un symptôme classique de la surpensée, bien que toutes les insomnies ne soient pas causées par la surpensée. Lorsque vous essayez de dormir, votre esprit s'emballe-t-il soudainement ? Vous semblez ne pas avoir le contrôle de ses mouvements et vous finissez par vous sentir anxieux, stressé et incapable de dormir ?

Maux de tête. Les maux de tête ont des causes diverses. Ils peuvent être le résultat d'une pression artérielle élevée ou une réaction à une tension physique dans le corps. Ils peuvent également avoir des causes émotionnelles, dues au stress, à la dépression et à l'anxiété. La surpensée est une cause fréquente de maux de tête. Si vous souffrez de maux de tête fréquents, la surpensée peut en être l'origine.

Douleurs musculaires et articulaires. Lorsque nous sommes stressés ou anxieux, ces émotions affectent directement notre corps. Nous pouvons contracter les muscles sans nous en rendre compte et adopter des postures bizarres. Le maintien de ces positions pendant un certain temps provoque des douleurs musculaires et articulaires. Vous pouvez ressentir des douleurs aux épaules, au cou et au dos. Si vous souffrez de ces symptômes, ils peuvent être causés par des pensées excessives.

Fatigue. Le manque de sommeil, le stress permanent, les douleurs et les maux épuisent notre énergie. Il n'est pas surprenant que le fait de trop penser entraîne également de la fatigue. Si vous vous sentez constamment fatigué, la surpensée peut en être la cause.

En plus des symptômes physiques, la pensée excessive peut également être reconnue par des schémas de pensée. Voici quelques-uns des processus mentaux les plus courants associés à la pensée excessive :

Anxiété. Vous sentez-vous obligé de planifier chaque événement futur dans les moindres détails ? Vous arrive-t-il de vous inquiéter d'événements futurs ? Souffrez-vous d'anxiété flottante, c'est-à-dire que vous vous sentez anxieux sans cause évidente ? Vous arrive-t-il de consommer de l'alcool ou des drogues pour réduire vos sentiments d'anxiété ? Un certain degré d'anxiété est normal, surtout si l'on anticipe un événement difficile ou stimulant. Une anxiété constante n'est pas normale et peut être le symptôme d'une réflexion excessive.

Analyse excessive et peur de l'échec. Comment vous sentez-vous lorsque vous pensez à l'avenir ? Vous sentez-vous confiant et calme ? Ou êtes-vous anxieux, obligé de réfléchir à tous les scénarios possibles dans les moindres détails ? Vous arrive-t-il d'être obsédé par les événements passés, en les analysant sous tous les angles possibles ?" Avez-vous déjà évité de faire quelque chose parce que vous avez peur de ne pas être performant ? La réflexion excessive est souvent associée à un besoin de contrôler le monde qui vous entoure. En analysant le passé et en envisageant ce qui pourrait se passer dans le futur, nous imaginons que nous pouvons façonner cet avenir pour éviter l'échec. Si vous vous surprenez à analyser les choses dans les moindres détails, il se peut que vous réfléchissiez trop.

L'incapacité à être dans le présent. Ce qui s'est passé dans le passé ne peut être changé. Ce qui peut arriver dans le futur est difficile à prévoir et impossible à contrôler complètement. La seule partie de votre vie où vous exercez un contrôle absolu est l'instant présent. Si votre esprit est préoccupé par le passé ou le "Et si..." du futur, vous ne pouvez pas donner toute votre énergie et votre attention à ce que vous faites en ce moment. Le passé est largement hors de propos, et la manière la plus efficace de façonner l'avenir est de faire de son mieux maintenant. La surpensée nous rend moins performants car elle nous détourne du moment présent.

Pensées excessives et TAG

La surpensée peut être liée à un problème sous-jacent tel que le trouble d'anxiété généralisée (TAG). Le TAG se caractérise par une inquiétude et une anxiété constantes et non spécifiques. Cela signifie que vous n'êtes pas inquiet au sujet de quelque chose de particulier, mais que vous êtes dans un état constant d'anxiété. et Vous pouvez même souffrir de crises de panique qui n'ont pas de cause directe évidente. Vous vous inquiétez parfois plus que nécessaire. Vous pouvez constamment penser à ce qui va se passer dans le futur et le planifier.

Le TAG fait que les inquiétudes et les peurs dominent votre pensée et votre vie. Il vous empêche de réaliser vos objectifs et d'adopter des comportements sains. Le diagnostic du TAG peut être difficile. Après tout, il est parfaitement normal et même utile de penser à un événement futur et d'envisager ce que l'on peut faire pour le réussir.

Penser à des événements futurs est un bon moyen de réduire la peur et planifier ce qu'il faut faire nous rend plus confiants. La différence entre le TAG et une pensée saine n'est qu'une question de degré. Si vous pensez que vous souffrez d'un TAG, vous devriez demander l'aide d'un médecin qualifié.

Les personnes qui souffrent de TAG sont soumises à un barrage constant de pensées inquiétantes et intrusives qu'elles ne peuvent ni ralentir ni contrôler. Elles se retrouvent piégées dans des cycles de pensées négatives, craignant le changement ou l'incertitude. Elles sont submergées par des sentiments soudains d'anxiété et même de peur qu'elles ne peuvent ni contrôler ni expliquer.

Le TAG est très courant. La plupart des études montrent que, par exemple, plus de 3 % de la population (plus de sept millions de personnes) aux États-Unis souffrent de TAG, les femmes étant deux fois plus susceptibles d'être touchées que les hommes. Le TAG se développe progressivement et peut être causé par des facteurs environnementaux et des expériences de vie stressantes. Le TAG se manifeste de la même manière que la pensée excessive, mais il peut également entraîner une accélération du rythme cardiaque, une respiration rapide, une transpiration, des tremblements et des problèmes digestifs.

Le TAG n'est pas une maladie mentale. Certaines personnes utilisent des médicaments pour réduire ses effets, mais ce trouble peut également être amélioré en adoptant les habitudes de la pensée positive.

Pensées excessives et TOC

Le trouble obsessionnel-compulsif (TOC) est un autre trouble couramment associé aux pensées excessives. Comme le TAG, ce trouble est souvent caractérisé par une inquiétude excessive, mais il se manifeste différemment. Les personnes souffrant de TOC peuvent avoir l'impression qu'elles doivent accomplir certaines actions afin de rester en sécurité. Parfois, ces actions sont au moins relativement rationnelles, comme le fait de se laver fréquemment les mains par peur des germes et de la saleté. Parfois, elles n'ont aucune base objective, comme un besoin compulsif de compter tous les objets bleus lorsqu'elles entrent dans une pièce ou un besoin de toucher certains objets dans un ordre particulier avant de quitter une pièce.

Tous les comportements liés aux TOC ont en commun le fait que la personne qui en souffre croit qu'agir d'une certaine manière aura un effet particulier. Elle peut croire, par exemple, que le fait de toucher un objet un certain nombre de fois avant de quitter la maison lui garantit d'être en sécurité pendant un voyage. Objectivement, elle sait que les deux choses ne sont pas liées, mais elle se sent obligée d'accomplir le rituel et ressent de l'anxiété, de l'inquiétude, voire de la panique si elle ne le fait pas.

Tout comme le TAG, la gravité du TOC est une question de degré. La plupart des gens ont des comportements habituels, des rituels qu'ils accomplissent sans y penser consciemment. Vérifier que la porte d'entrée est bien verrouillée avant de quitter la maison, par exemple, est quelque chose que beaucoup d'entre nous font même si nous n'en avons pas besoin. Nous avons verrouillé la porte des centaines de fois auparavant et nous savons quand elle est bien fermée, mais nous essayons quand même la porte après l'avoir verrouillée, juste pour être sûrs. Ces comportements deviennent un problème lorsqu'ils commencent à affecter notre comportement et nos interactions avec d'autres personnes. Ils deviennent également un problème lorsque nous éprouvons un sentiment de panique lorsque nous ne sommes pas en mesure d'accomplir ces actions.

Pensées excessives et insomnie

L'un des effets les plus invalidants de la surpensée est l'insomnie chronique. L'insomnie est définie comme un problème de sommeil qui dure un mois ou plus. L'insomnie chronique est un problème grave. Elle peut entraîner un risque accru de :

- Accident vasculaire cérébral
- Crises d'épilepsie
- Système immunitaire affaibli
- Diabète
- Hypertension artérielle
- Maladies cardiaques

La fatigue qui résulte de l'insomnie peut vous exposer à un risque accru d'accident et vous rendre plus vulnérable aux troubles mentaux tels que l'anxiété, la confusion et la dépression. Bien sûr, l'insomnie n'est pas seulement le résultat d'une réflexion excessive. Le stress, l'inquiétude et même des facteurs comme l'alimentation peuvent affecter le sommeil, bien que ces facteurs aient tendance à déclencher des épisodes aigus d'insomnie qui ne durent qu'une nuit ou deux.

La pensée excessive est associée à l'insomnie chronique, en particulier à l'insomnie d'endormissement et à l'insomnie du maintien du sommeil. L'insomnie d'endormissement signifie que vous avez du mal à vous endormir. Lorsqu'elle est causée par la pensée excessive, cela signifie souvent que, même si vous vous sentez fatigué, lorsque vous fermez les yeux et essayez de dormir, votre esprit s'emballe. Vous pouvez vous retrouver à vous concentrer sur des pensées négatives et à vous inquiéter de l'avenir. Dans le cas de l'insomnie du maintien du sommeil, vous vous réveillez soudainement, souvent avec un sentiment d'anxiété et d'inquiétude, même si votre insomnie n'a pas de cause spécifique. Lorsque vous êtes réveillé, vous avez beaucoup de mal à vous rendormir.

Les deux types d'insomnie sont tout aussi nuisibles l'un que l'autre. Si votre insomnie est causée par des pensées excessives, l'utilisation des techniques de pensée positive vous aidera à mieux dormir. Vous trouverez des conseils pour lutter contre l'insomnie au chapitre 9.

Chapitre 3 : Entraîner votre critique intérieur

Nous avons tous un critique intérieur, cette petite voix dans notre tête qui commente notre vie en permanence. Cependant, si ce critique intérieur est implacablement négatif, il peut rendre beaucoup plus difficile l'adoption des techniques et des habitudes de la pensée positive. Ce chapitre explique le rôle de votre critique intérieur, vous aide à reconnaître les messages qu'il envoie et vous propose des moyens de modifier ce qu'il vous dit.

Qu'est-ce qu'un critique intérieur ?

Votre critique intérieur est un terme utilisé pour décrire le monologue interne que nous connaissons tous. On l'appelle parfois une voix intérieure qui nous parle, et elle est particulièrement active pour juger ce que nous avons fait. Notre critique intérieur n'aime rien tant que de s'attarder sur un échec ou un revers. Il nous répète sans cesse que les choses ont mal tourné parce que nous n'étions pas assez bons. S'il n'est pas contrôlé, notre critique intérieur peut nous faire manquer de confiance en nous et douter de nos propres capacités.

Le terme "critique intérieur" est généralement utilisé dans la psychologie populaire. Il ne s'agit pas d'un terme formel et académique. À certains égards, la critique intérieure est similaire au concept freudien du surmoi, un narrateur mental qui agit comme un médiateur et encourage un comportement conforme aux normes sociales. Le critique intérieur est généralement beaucoup plus négatif. Cette voix intérieure tenace remet en question tout ce que nous faisons, s'attarde sur nos échecs et sape nos réussites. Même les personnes apparemment sûres d'elles et ayant réussi peuvent souffrir de cette critique intérieure, ce qui leur laisse des sentiments injustifiés tels que la culpabilité et l'insuffisance.

Vous souvenez-vous de l'exemple du chapitre 1 d'une situation où vous passez un test et obtenez 90 % ? Le critique intérieur est la partie de votre cerveau qui, au lieu de célébrer votre réussite, se concentre sur l'obsession de savoir comment vous avez réussi à perdre les derniers 10 %. Heureusement, il est possible de rééduquer votre critique intérieur afin que cette voix constante soit plus saine et moins destructrice.

Critique intérieur versus nourrice intérieur

Le critique intérieur n'est pas seul dans votre tête. Vous avez aussi ce que certains psychologues appellent une nourrice intérieur. Cette voix est l'opposé de la critique intérieure. Elle loue nos réalisations, nous encourage et nous fait preuve de compassion. Le problème, c'est que la voix de la critique intérieure est souvent beaucoup plus forte, ce qui l'emporte sur ce que le nourricier intérieur nous dit.

Lorsque ces deux voix intérieures sont déséquilibrées en faveur de la critique intérieure, nous avons peur de faire des erreurs. Nous évitons d'agir à cause de cette peur.

Mais l'action est la seule voie vers le succès et l'apprentissage. Si nous sommes dominés par notre critique intérieur au point d'avoir peur d'essayer quelque chose de nouveau ou de prendre un risque, notre vie s'en trouve diminuée. Au fil du temps, notre confiance en nous s'érode et notre volonté d'entreprendre est sérieusement ébranlée.

Comment pouvez-vous savoir si votre critique intérieur a pris le dessus sur votre nourrice intérieure ? Essayez de vous poser ces questions :

> **Vous arrive-t-il d'être déraisonnablement en colère contre vous-même ?** Réfléchissez aux circonstances. Cette colère était-elle vraiment justifiée ? Si une autre personne avait fait ce que vous avez fait, auriez-vous été aussi en colère contre elle ?

> **Vous arrive-t-il de vous crier dessus dans votre tête, en vous disant que vous êtes un idiot ou tout simplement nul ?** Là encore, essayez de prendre du recul et de réfléchir à la situation de manière objective. Avez-vous vraiment agi de manière stupide ou irresponsable ?

> **Vous arrive-t-il de vous dire que vous êtes une personne mauvaise ou sans valeur ?** Ce sont des messages courants d'un critique intérieur actif. La plupart du temps, ils sont tout simplement faux.

Votre critique intérieur a des attentes irréalistes, et il semble toujours prêt à vous faire remarquer que vous ne répondez pas à ces attentes. D'où vient cette voix insistante et négative ?

Faire face à un traumatisme honteux

Pour de nombreuses personnes, une critique intérieure implacable et négative découle souvent d'expériences passées, et notamment d'un traumatisme. Un traumatisme est une réponse émotionnelle à une situation ou un événement pénible. Il peut s'agir d'un événement qui vous a impliqué directement, de quelque chose dont vous avez été témoin, ou même de quelque chose dont vous avez simplement entendu parler ou que vous avez lu (on parle alors de *"traumatisme indirect"*). La réaction au traumatisme diffère d'une personne à l'autre. Pour certaines personnes, l'impact du traumatisme peut être durable (traumatisme chronique) et peut causer un certain nombre de problèmes, notamment des pensées excessives, de l'anxiété et de l'insomnie. Il peut également amplifier l'effet de votre critique intérieur.

Le ou les événements traumatiques peuvent remonter à loin, peut-être même à l'enfance, et vous ne vous rendez peut-être même pas compte que vous êtes affecté par ce traumatisme. Une réaction courante au traumatisme consiste à penser que vous auriez pu, d'une manière ou d'une autre, éviter la situation qui a conduit au traumatisme. Ce point de vue est souvent faux, mais ce sentiment peut entraîner des émotions telles qu'une culpabilité intense. Ce type de traumatisme est connu sous le nom de *"traumatisme honteux"*.

Les événements traumatiques varient en intensité et en durée. Ils peuvent aller d'un acte unique de violence, d'abus ou d'agression sexuelle à des traumatismes moins importants mais à plus long terme. Par exemple, un parent constamment peu encourageant et négatif peut causer un traumatisme. Ce qui déclenche le traumatisme honteux n'est pas important. Ce qui compte, c'est la façon dont il vous affecte. Pour réduire l'impact d'un tel traumatisme, la première chose à faire est d'y remédier consciemment. Pour vous aider à y parvenir, vous pouvez utiliser le deuxième exercice du chapitre 9, *Créer un récit du traumatisme.*

L'impact d'un traumatisme peut restreindre votre capacité à penser positivement en augmentant le pouvoir de votre critique intérieur. Pour certaines personnes, la voix de ce critique intérieur peut trouver son origine dans le traumatisme. Si vous écoutez attentivement, vous pouvez même être en mesure d'identifier la voix de votre critique intérieur comme une voix de votre passé. Il peut s'agir, par exemple, de la voix d'un parent qui ne vous soutient pas, d'un frère ou d'une sœur en compétition, ou d'un enseignant strict et critique. Le fait d'écouter cette voix et de reconnaître le traumatisme dont elle est issue peut contribuer à en atténuer les effets.

Souvent, les traumatismes trouvent leur origine dans les expériences de l'enfance. Un moyen efficace d'y remédier est d'écrire une lettre à vous-même lorsque vous étiez enfant. Vous trouverez des conseils sur la manière de le faire au chapitre 9.

Surmonter les messages trompeurs du cerveau

Votre critique intérieur n'est pas la seule partie de votre esprit qui peut générer des messages confus et inutiles. Parfois, nous tombons dans des habitudes de pensée qui ne sont pas utiles ou même nuisibles. En psychologie, ce schéma est connu sous le nom de loi de Hebb. Lorsque les cellules nerveuses du cerveau sont activées de manière répétée selon le même schéma, elles finissent par former un circuit neuronal fixe. Plus ce circuit est utilisé, plus il se renforce. En d'autres termes, lorsque vous réagissez de manière répétée à un stimulus particulier, cette réaction finit par se fixer dans votre cerveau. Elle devient quelque chose que vous faites sans y penser consciemment.

Ce schéma conduit à la formation d'habitudes. Ces habitudes peuvent être de puissants moteurs du comportement. Par exemple, si vous réagissez au stress en mangeant des aliments riches en calories, ce que l'on appelle *"manger pour se réconforter"*, votre cerveau peut faire une association directe entre le soulagement du stress et la nourriture. Lorsque vous êtes stressé, votre cerveau vous dit que la réponse appropriée est de manger davantage. Cette association peut faire partie d'un mode de vie malsain.

Jeffrey Schwartz, psychiatre de renom[10], décrit les circuits cérébraux fixes qui peuvent conduire à des comportements malsains et indésirables comme des *"messages cérébraux trompeurs"*. En plus de provoquer des comportements physiques, ces messages peuvent également entraîner des réponses émotionnelles inappropriées. Votre cerveau peut s'enfermer dans un schéma de négativité, vous amenant à supposer que vous allez échouer dans tout ce que vous essayez de faire.

La bonne nouvelle, c'est que ces schémas de pensée inutiles peuvent être remplacés par une approche plus positive. Votre cerveau est capable de changer grâce à sa plasticité. En adoptant régulièrement les techniques de

---

10 Schwartz, Jeffrey M, and Gladding, Rebecca. You Are Not Your Brain: The 4-Step Solution for Changing Bad Habits, Ending Unhealthy Thinking, and Taking Control of Your Life. Avery, 2011.

la pensée positive, vous pouvez transformer votre réponse habituelle de négative en positive.

Pour en savoir plus sur la neuroplasticité autodirigée et l'approche en quatre étapes de Jeffrey Schwartz, lisez notre livre sur la Force Mentale et Maîtrise de la Discipline.

Apprendre à comprendre et à maîtriser ses émotions

Ressentir des émotions fait partie intégrante de l'être humain. Nous ressentons tous des émotions, même si nous semblons calmes et sereins à l'extérieur. Le problème de nombreuses personnes est qu'elles ne comprennent pas vraiment leurs propres émotions, sauf de la manière la plus superficielle. Ils reconnaissent quand ils ont peur, ont honte ou sont en colère, mais ils ne comprennent pas d'où viennent ces émotions ni ce qui les déclenche. Cependant, les personnes qui réussissent et mènent une vie épanouie apprennent non seulement à reconnaître leurs propres émotions, mais aussi à utiliser ces connaissances pour s'assurer que ces émotions ne guident pas leurs décisions.

En psychologie, la capacité à comprendre pleinement ses propres émotions est mesurée par ce que l'on appelle le quotient émotionnel (QE). Tout comme le quotient intellectuel (QI) est utilisé pour évaluer les capacités cognitives, le QE sert à mesurer la capacité d'une personne à reconnaître et à gérer ses propres émotions. Le QE est un sujet complexe, mais il s'agit principalement de développer la conscience de soi sur le plan émotionnel.

La conscience de soi est la première et la plus importante étape vers la maîtrise de vos émotions. La conscience de soi émotionnelle peut sembler simple, mais elle ne l'est pas. Nous ignorons souvent les émotions, nous y sommes tellement habitués que nous ne remarquons plus nos réactions. La conscience de soi signifie apprendre à reconnaître ses propres émotions. Cela signifie également être capable de distinguer les différentes émotions et de voir d'où elles viennent et ce qui les provoque. Les émotions sont rarement simples. Elles sont généralement constituées d'ensembles complexes de sentiments qui interagissent pour produire une émotion généralisée. Les personnes ayant un QE élevé sont non seulement capables de reconnaître leurs propres émotions, mais aussi de les distinguer.

Par exemple, vous reconnaissez que vous ressentez de la peur à l'approche d'un entretien d'embauche. Si vous y regardez de plus près, vous pouvez vous rendre compte que cette appréhension provient en partie de la peur de l'échec. Cette peur peut en fait être liée au fait de ne pas vouloir décevoir votre famille ou une personne en particulier. Vous pouvez ressentir de la jalousie et penser qu'un collègue qui passe également un entretien a plus de chances d'obtenir le poste. Vous pouvez vous sentir anxieux parce que vous ne pensez pas avoir toutes les compétences nécessaires pour occuper le poste. Vous pouvez ressentir de l'appréhension parce que vous avez un historique de désaccords et de conflits avec la personne qui fait passer l'entretien.

Comprendre pleinement les éléments qui composent une émotion globale réduit l'impact de cette émotion. Si vous vous présentez à un entretien d'embauche avec des sentiments de peur, d'anxiété, de colère, de jalousie et d'appréhension, vous avez peu de chances d'obtenir de bons résultats. Si vous comprenez ce que vous ressentez et pourquoi, cette clarté vous permet de gérer vous-même vos émotions. Apprendre à comprendre vos propres sentiments vous rend également plus empathique. L'empathie vous permet de comprendre les sentiments des autres et de voir comment ces émotions affectent leur comportement.

Si vos actions sont régies par des sentiments que vous reconnaissez à peine, vous prendrez des décisions fondées sur la peur, la jalousie, etc. Ces décisions seront rarement positives ou utiles. Pour devenir un penseur positif, vous devez apprendre à comprendre et à être conscient de vos propres émotions.

Pour plus d'informations et d'exercices sur l'apprentissage de la compréhension de vos propres sentiments, veuillez consulter notre livre sur la Force Mentale et Maîtrise de la Discipline.

Écouter votre sage défenseur

Nous avons longuement parlé de votre critique intérieur, cette voix intérieure négative qui semble saper tout ce que vous entreprenez. Il est maintenant temps d'apprendre à renforcer l'influence de votre nourricier intérieur, cette voix intérieure qui vous aide et vous soutient réellement.

Dans leur livre de développement personnel à succès de 2011, *You Are Not Your Brain : The 4-Step Solution for Changing Bad Habits, Ending Unhealthy Thinking, and Taking Control of Your Life*[11] , les psychiatres Jeffrey Schwartz et Rebecca Gladding ont inventé un nouveau terme pour désigner une version améliorée du nourricier intérieur. Ils l'ont appelé le "sage *défenseur*". Jeffrey Schwartz a ensuite collaboré à un livre consacré exclusivement à ce sujet[12], et le "sage *défenseur*" est devenu un concept largement accepté et utilisé pour promouvoir le bien-être mental.

L'objectif de l'approche du sage *défenseur* est simple : Il s'agit de stimuler votre nourrice intérieure et de surmonter les messages négatifs de votre critique intérieur.

Cette technique commence par la visualisation d'une personne. Votre sage défenseur peut être un parent (vivant ou mort), une personne réelle que vous n'avez jamais rencontrée ou un personnage historique. Il peut même s'agir d'un personnage de fiction. La personne doit être quelqu'un que vous pouvez visualiser dans les moindres détails et dont vous respectez l'intelligence et les connaissances. Cette personne imaginée doit être intègre et honnête et, surtout, elle doit s'engager à faire ce qui est le mieux pour vous.

Plus votre visualisation de cette personne est détaillée, mieux c'est. Comment est-elle habillée, comment parle-t-elle, où est-elle ? Le principe de cette technique est simple : Imaginez que vous avez une conversation

---

11 Schwartz, Jeffrey M, and Gladding, Rebecca. You Are Not Your Brain: The 4-Step Solution for Changing Bad Habits, Ending Unhealthy Thinking, and Taking Control of Your Life. Avery, 2011.

Jeffrey Schwartz, Josie Thomson, Art Kleiner, The Wise Advocate: The Inner Voice of Strategic Leadership, Columbia Business School Publishing, 2019.

avec cette personne. Vous pouvez décrire une situation qui vous préoccupe ou simplement lui demander de vous guider ou de vous rassurer. Elle est toujours là et prête à discuter. Écoutez les conseils qu'elle vous donne.

Cette technique est un excellent moyen de devenir plus objectif face à des situations et des sentiments qui peuvent être confus et complexes. Imaginer les conseils que pourrait donner une personne intelligente et solidaire vous permet de prendre du recul par rapport à la situation et de la voir plus clairement. Cela permet également de réduire l'effet de votre critique intérieur négatif.

Créer votre propre sage défenseur est une étape importante pour devenir un penseur positif. Commencez dès maintenant à construire l'image de votre sage défenseur. Essayez de lui demander des conseils, de vous rassurer ou de vous guider. Commencez modestement, et utilisez votre sage défenseur pour régler des problèmes mineurs. Lorsque vous serez à l'aise avec cette technique, vous constaterez que vous pouvez l'appliquer efficacement à de nombreux aspects de votre vie.

Chapitre 4 : L'état d'esprit de la pensée positive

Jusqu'à présent, nous avons principalement examiné les éléments de la pensée positive et les problèmes qui peuvent l'empêcher. Il est maintenant temps de commencer à réfléchir à la manière dont vous pouvez réunir ces concepts pour créer l'état d'esprit dont vous avez besoin.

Toutefois, avant de commencer, prenez un moment pour réfléchir à ce que vous avez appris jusqu'à présent.

- Avez-vous évalué votre état d'esprit actuel et identifié les domaines problématiques ?
- Comprenez-vous bien les avantages de la pensée positive ? Changer d'état d'esprit n'est pas facile, et vous devrez garder à l'esprit les avantages de la pensée positive pour vous donner la motivation dont vous avez besoin.
- Souffrez-vous d'une réflexion excessive ?
- Votre critique intérieur est-il un problème et comprenez-vous les traumatismes passés qui le rendent plus puissant ?
- Souffrez-vous d'insomnie ou de l'une des autres manifestations physiques de la pensée négative, de la surpensée ou du manque d'estime de soi ?
- Avez-vous créé un sage défenseur pour aider à stimuler votre nourrice intérieure ?

Ce n'est que si vous êtes sûr de comprendre où vous en êtes et ce que vous devez faire que vous devez penser à construire l'état d'esprit dont vous avez besoin. Si vous n'êtes pas certain, revenez en arrière, lisez la partie concernée des trois premiers chapitres et réfléchissez.

Comment la pensée positive peut changer votre vie

"Le penseur positif voit l'invisible, ressent l'intangible et réalise l'impossible."

Winston Churchill

Vos pensées déterminent ce que vous ressentez dans votre vie. Le bonheur et le contentement ne sont pas des conditions objectives qui existent à l'extérieur. Ils sont présents uniquement dans votre propre esprit. Si vous n'êtes pas heureux, la réponse n'est pas d'essayer de changer votre environnement ou simplement d'acheter plus de biens. La publicité nous dit que les objets que nous possédons définissent ce que les autres pensent de nous. Elle indique que si nous possédons les bons objets, nous serons heureux. Ce n'est pas vrai. Il a été dit que la vie se compose de 10 % de ce qui vous arrive et de 90 % de la façon dont vous y pensez. Même si votre vie est remplie de personnes merveilleuses et de biens précieux, vous pouvez toujours vous trouver dans une situation négative. Si vous voulez devenir heureux et vous épanouir, vous devez d'abord vous pencher sur votre façon de penser. C'est pourquoi la pensée positive est si importante.

"Pour porter une action positive, il faut développer une vision positive".

Le Dalaï Lama

Des études montrent que la pensée positive peut même aider à combattre la maladie. Un document présenté par le professeur Leslie G. Walker (président du département de Réhabilitation du Cancer à l'université de Hull) lors d'une conférence de la British Psychological Society en 2000 indique que les patients atteints de cancer à qui l'on enseigne des techniques de relaxation et de pensée positive ont une meilleure qualité de vie. Cependant, ils ont également développé davantage de globules blancs nécessaires pour combattre la maladie.

"Le pessimisme mène à la faiblesse, l'optimisme à la puissance."

William James

La pensée positive n'améliore pas seulement votre santé physique. Elle vous aide à réaliser ce que vous voulez dans la vie. Les personnes qui réussissent le mieux visualisent ce qu'elles veulent, puis conçoivent des moyens d'y parvenir. La visualisation de ce résultat positif les rend heureux. Lorsque vous visualisez quelque chose qui vous rend heureux, votre cerveau libère des endorphines, qui vous procurent un sentiment général de bien-être. Cet effet est tout aussi puissant que de faire réellement quelque chose qui vous rend heureux, et il renforce votre sentiment de bien-être et encourage l'état d'esprit positif.

"Merveilleuse est la force de la gaieté, et son pouvoir d'endurance - l'homme gai fera plus dans le même temps, le fera ; mieux, le conservera plus longtemps, que le triste ou le maussade."

Thomas Carlyle

Devenir un penseur positif ne vous garantira pas de ne jamais être malheureux, et ne vous apportera pas automatiquement le succès ou la richesse. Cependant, elle vous apportera plus de satisfaction que vous ne l'auriez cru possible et vous aidera à atteindre vos objectifs. Elle renforcera également votre confiance en vous et améliorera l'image que vous avez de vous-même. La pensée positive est également contagieuse ! Pensez à ce que vous ressentez lorsque vous passez du temps avec une personne optimiste et confiante. Vous sentez également que vos émotions sont stimulées jusqu'à ce que vous vous sentiez vous aussi heureux et positif.

"Garder mes comportements positifs. Les comportements deviennent mes habitudes. Gardez mes habitudes positives. Les habitudes deviennent mes valeurs. Gardez mes valeurs positives. Les valeurs deviennent mon destin."

Mahatma Gandhi

Les personnes qui réussissent le mieux prennent des risques. Ils voient les opportunités potentielles et sont prêts à prendre les risques nécessaires pour les transformer en réalité. La pensée positive vous permettra non seulement de prendre des risques avec confiance, mais aussi d'affronter vos peurs. La pensée positive vous permettra même d'aborder l'échec de manière constructive si tout se passe mal.

La pensée positive peut améliorer tous les aspects de votre vie. Certaines personnes affirment qu'apprendre à penser positivement est le changement le plus important que vous puissiez apporter à votre vie.

Êtes-vous prêt à accueillir toutes les grandes choses que la pensée positive peut faire pour vous ?

Souplesse et rigidité

La seule chose certaine concernant l'avenir est qu'il apportera des surprises, certaines bienvenues, d'autres moins. La vitesse à laquelle le monde évolue en termes de technologie, de culture et de société peut sembler déconcertante. Nous devons apprendre à être flexibles et à nous adapter à ces changements si nous voulons prospérer dans nos vies personnelles et professionnelles.

Heureusement, notre cerveau est très doué pour ce que l'on appelle parfois la pensée "élastique". Considérez la différence entre un cerveau humain et un ordinateur. L'ordinateur est entièrement régi par des algorithmes qui définissent comment il va réagir dans une situation donnée. L'ordinateur ne peut pas penser au-delà des algorithmes avec lesquels il a été programmé. Le cerveau humain n'est pas comme cela. Il est capable de faire des sauts intuitifs qui dépassent la capacité de toute machine. Il exploite la perspicacité et la pensée non linéaire pour générer la créativité, pour voir ce qui pourrait être possible au lieu de se préoccuper uniquement de ce qui existe maintenant. Un ordinateur peut tracer l'itinéraire le plus efficace entre votre domicile et votre lieu de travail. Un ordinateur n'aurait pas pu inventer l'automobile parce qu'il n'a pas la capacité de voir au-delà du présent.

La pensée positive encourage et soutient la flexibilité. Elle réduit la peur, y compris la peur de l'inconnu, et nous permet au contraire de voir les opportunités dans l'incertitude et le changement. La combinaison de la positivité et de la flexibilité est un outil puissant dans un monde qui semble soumis à des changements constants.

Comment pouvez-vous développer une approche plus souple ? Commencez par de petites choses.

> **Considérez votre propre attitude face au changement.** Comment vous sentez-vous, par exemple, si vous avez des projets pour le week-end. Puis une autre personne change d'avis, ce qui signifie que ces plans ne sont plus valables. Ressentez-vous du ressentiment, de la colère, de la frustration, de l'exaspération ? Faites plutôt un effort conscient pour voir le côté positif : Que

pouvez-vous faire de ce temps dont vous disposez inopinément ? Pouvez-vous faire quelque chose qui vous apportera encore plus de plaisir ? Essayez d'appliquer cette technique chaque fois qu'un changement inattendu vous irrite.

Combien de fois avez-vous essayé quelque chose d'entièrement nouveau ? Cela ne signifie pas seulement quelque chose de spectaculaire et d'exaltant, comme essayer de faire du parachutisme ou du snowboard pour la première fois. À quand remonte la dernière fois où vous êtes allé dans un restaurant ou un café que vous n'aviez jamais visité auparavant ? Quand avez-vous visité pour la dernière fois un nouveau musée ou une nouvelle galerie d'art ? Quand avez-vous essayé de prendre un chemin complètement différent pour vous rendre au travail ? Quand êtes-vous allé vous promener dans un nouvel endroit ? Lisez-vous toujours le même journal ou regardez-vous toujours le même service d'information en ligne ? Sortez-vous toujours avec le même groupe de personnes ? Commandez-vous toujours le même café ou le même repas ? Nous avons tous tendance à adopter des modèles de comportement qui nous amènent à faire toujours la même chose, à chaque fois. Nous nous sentons à l'aise et en sécurité, et l'idée de faire quelque chose de différent peut sembler un peu effrayante. Faites un effort conscient chaque semaine pour vivre quelque chose de nouveau, aussi petit soit-il.

Avez-vous une routine fixe pour vos journées et vos semaines ? Faites-vous toujours les mêmes choses dans le même ordre ? Essayez de mélanger un peu les choses. Allez à la salle de sport le mardi plutôt que le jeudi. Allez déjeuner plus tôt ou plus tard. Regardez un film le dimanche soir au lieu du samedi. Chaque semaine, faites l'effort de varier votre routine d'une manière ou d'une autre.

En soi, ces changements peuvent sembler insignifiants. Mais ils vous aident à vous acclimater à une pensée plus souple et favorisent une approche plus positive du changement. Une fois que vous aurez acquis cette compétence, vous pourrez l'appliquer avec autant de succès aux changements plus importants que la vie est susceptible de vous apporter.

Réaffirmer les valeurs et les objectifs de votre vie

Nous avons tous des valeurs fondamentales, les choses qui nous tiennent à cœur. La plupart d'entre nous ont également des objectifs qu'ils s'efforcent d'atteindre. Cependant, pour beaucoup de gens, ces valeurs sont submergées par le flot d'exigences de la vie quotidienne. Nous perdons le contact avec ces valeurs et nos objectifs deviennent vagues et à court terme. Ils se concentrent sur notre vie quotidienne, et non sur nos espoirs et nos aspirations pour l'avenir. Ce sont ces valeurs et ces objectifs qui devraient nous soutenir dans l'adversité. Les personnes qui réussissent le mieux ont des objectifs et des valeurs clairement définis, et elles passent du temps à réfléchir à la manière dont elles peuvent atteindre ces objectifs. Il est temps de reprendre contact avec ce qui compte pour vous.

Commençons par les valeurs personnelles. En termes simples, ce sont les caractéristiques et les comportements que nous apprécions. Nous essayons de les atteindre dans notre propre vie et nous les apprécions chez les autres. Si nous nous comportons en accord avec ces valeurs, nous nous sentons bien. Si nous nous comportons d'une manière qui nie ces valeurs, nous nous sentons mal. Par exemple, disons que l'une de vos valeurs fondamentales est la gentillesse. Vous vous retrouvez au sein d'un groupe de personnes qui se montrent désagréables envers quelqu'un. Si vous vous exprimez et essayez de mettre fin à ce manque de gentillesse, vous vous sentirez bien dans votre peau. Si vous ne dites rien et laissez ce comportement se poursuivre, vous vous sentirez mal dans votre peau. C'est aussi simple que cela.

Toutefois, l'identification de vos valeurs fondamentales est plus difficile que vous ne l'imaginez. Ces valeurs sont aussi entièrement personnelles. Une personne peut apprécier la sécurité et le calme, tandis qu'une autre sera motivée par un désir d'aventure et d'excitation. Il n'y a pas de bonne ou de mauvaise réponse, il s'agit de vous et de vos sentiments.

Dressez une liste de ce qui vous fait du bien. Cela peut être n'importe quoi : des circonstances, des situations, des personnes, même des films et des émissions de télévision. Vous pouvez décrire une situation récente qui vous a rendu heureux ou fier. Concentrez-vous sur les émotions positives.

Maintenant, écrivez une liste de choses qui vous rendent malheureux, en colère ou frustré. Là encore, soyez créatif. Y a-t-il des nouvelles récentes qui vous ont mis en colère, des films ou des émissions de télévision que vous n'avez pas appréciés ? Y a-t-il des personnes avec lesquelles vous n'aimez pas passer du temps ? Y a-t-il une situation récente qui vous a mis dans l'embarras, la culpabilité ou même la honte ?

Utilisez ces deux listes pour produire une liste condensée de ce qui vous a rendu heureux. Essayez de réduire ces éléments à des mots positifs uniques tels que bonté, intégrité, générosité, courage, persévérance, honnêteté ou intelligence. Par exemple, si vous avez regardé un film qui vous a laissé un sentiment de bien-être, pensez aux attributs et aux actions des personnages qui vous ont fait ressentir ce sentiment. De quelles qualités faisaient-ils preuve ? Maintenant, faites une liste des choses qui vous rendent malheureux. Là encore, cherchez des mots simples comme égoïsme, malhonnêteté, hostilité, trahison ou égoïsme. Encore une fois, essayez d'identifier les qualités en cause, qu'elles soient les vôtres ou celles de quelqu'un d'autre.

Vous avez maintenant deux listes probablement opposées. Si l'honnêteté figure sur votre liste de qualités qui vous rendent heureux, il est fort probable que la malhonnêteté figure sur l'autre liste. Utilisez ces listes pour compiler une seule liste de vos valeurs fondamentales, les choses qui comptent le plus pour vous. Vous voudrez peut-être revenir à ces listes si vous pensez à de nouvelles choses à y ajouter. Vous serez peut-être même surpris par les choses qui vous rendent heureux. Parfois, nos valeurs personnelles peuvent se perdre dans la course effrénée de la vie. La pensée positive consiste à prendre le temps de redécouvrir nos valeurs fondamentales, puis à agir en fonction de celles-ci. Conservez cette liste, utilisez-la comme un rappel et essayez toujours d'agir de la bonne façon.

Maintenant que vous avez identifié vos valeurs, il est temps de penser aux objectifs. Les objectifs sont les choses que vous voulez atteindre et sont liés aux valeurs. Cependant, si les valeurs sont généralement innées, vous devez créer vos propres objectifs.

Que voulez-vous réaliser au cours du mois prochain ? Les six prochains mois ? L'année prochaine ? Les cinq prochaines années ? La plupart d'entre nous ont des aspirations, mais celles-ci sont souvent vagues et indéfinies. Avoir des objectifs clairs est important et vous aide à rester positif. La pensée positive vous aidera à atteindre vos objectifs. Mais comment décider quels sont vos objectifs ? Les objectifs sont intensément personnels. Ce sont les réalisations qui comptent pour vous, et pour personne d'autre. Vous seul pouvez décider de vos objectifs, mais pour être efficaces, ils doivent être SMART.

SMART est un acronyme utilisé dans le monde des affaires pour s'assurer que la fixation des objectifs est efficace et conduit à un changement positif. Il signifie :

Spécifique. Plus un objectif est spécifique, plus il vous sera facile de voir ce que vous devez faire pour l'atteindre. Ne vous fixez pas un objectif du genre : *"Je vais trouver un meilleur emploi"*. Spécifiez précisément le ou les emplois que vous recherchez. Ensuite, vous pourrez voir quelle expérience ou quelles qualifications vous devrez acquérir pour obtenir cet emploi. Plus vos objectifs sont précis, plus vous avez de chances de pouvoir les atteindre.

Mesurable. Les objectifs ne fonctionnent que si vous pouvez savoir quand ils ont été atteints. Par exemple, un objectif tel que *"Je veux être heureux"* n'est pas utile. Tout le monde connaît des périodes de bonheur et de malheur. Il n'y a aucun moyen de savoir quand vous avez atteint un niveau de bonheur particulier, et vous n'atteindrez jamais un point où vous ne serez plus malheureux. Concentrez-vous plutôt sur des objectifs dont vous pouvez dire, à tout moment, si vous êtes toujours en train de les atteindre ou si vous les avez atteints.

Atteignable. Ne confondez jamais les rêves et les objectifs. Les objectifs sont des réalisations que vous avez la capacité, les connaissances et les attributs physiques d'atteindre. Les rêves sont de vagues espoirs qui sont souvent irréalisables.

Réaliste. Comme ci-dessus, ne vous fixez pas des objectifs que vous n'êtes pas en mesure d'atteindre. Atteindre des objectifs peut nécessiter un apprentissage et un développement, et c'est bien. Mais se fixer pour objectif de devenir un joueur de basket-ball professionnel si vous mesurez un mètre soixante-dix n'aboutira qu'à une déception.

Le Temps. Les objectifs les plus efficaces sont assortis d'une date précise à laquelle vous comptez les atteindre. Si vous fixez une date pour vos objectifs, vous resterez concentré et serez moins enclin à remettre à plus tard.

Il y a une dernière chose à considérer ici : vos objectifs doivent toujours être positifs. En d'autres termes, ils ne doivent pas viser à éviter l'échec mais à atteindre le succès. Par exemple, "*Je ne veux plus être gros*" n'est pas un objectif positif. "*Je vais devenir plus sain et atteindre mon poids cible*" en est un. Le langage est important pour entretenir la pensée positive. Vous reviendrez souvent sur ces objectifs, alors assurez-vous qu'ils sont rédigés de manière positive.

Créez une liste d'objectifs. Essayez d'en avoir au moins quatre : Un que vous atteindrez dans le mois à venir, un dans les six mois, un dans un an et un dans cinq ans. Ce n'est pas facile, alors prenez le temps de dresser une liste d'objectifs qui vous motivent vraiment. Ayez-en autant que vous le souhaitez, mais pas trop pour qu'il soit difficile de vous les rappeler tous. Prenez l'habitude de revoir régulièrement vos objectifs. Faites-le aussi souvent que vous le souhaitez. Évaluez les progrès que vous avez réalisés et planifiez la manière dont vous allez progresser à l'avenir.

Si vous souhaitez en savoir plus sur la fixation d'objectifs, vous trouverez des conseils détaillés dans notre livre sur la Force Mentale et Maîtrise de la Discipline

Pleine conscience et méditation

Les pensées excessives sont un problème que vous devez apprendre à surmonter si vous voulez apprendre à penser de manière positive. Un moyen très efficace de lutter contre les pensées excessives est la pleine conscience. Ce mot trouve son origine dans l'enseignement bouddhiste et est souvent associé à la pratique de la méditation. Cependant, il n'est pas nécessaire d'être bouddhiste pour méditer ou trouver la pleine conscience.

La pleine conscience est un sujet complexe, et vous trouverez plusieurs livres entièrement consacrés à ce sujet. En bref, la pleine conscience consiste à apprendre à se concentrer sur le moment présent et à réduire les pensées excessives. Elle enseigne que s'inquiéter pour l'avenir est inutile et que ressentir de la culpabilité ou des regrets pour le passé n'est qu'un gaspillage d'énergie. Si vous accordez toute votre attention à ce que vous faites en ce moment, l'avenir s'occupera de lui-même, et vous serez mieux à même de replacer les événements passés dans une perspective appropriée. De nombreuses stars du sport ont utilisé la pleine conscience pour améliorer leurs performances. Les cadres utilisent de plus en plus cette technique pour améliorer leur capacité de concentration et pour échapper au stress de leur vie trépidante. Une fois que vous avez appris à la pratiquer, la pleine conscience peut être incroyablement libératrice et apaisante, et vous pouvez la pratiquer même en effectuant des tâches banales comme marcher ou même faire la vaisselle.

La pleine conscience est souvent associée à la méditation. Certaines personnes utilisent la méditation pour trouver la pleine conscience. Cependant, il existe un certain nombre d'idées fausses sur la méditation qui peuvent vous empêcher d'essayer cette approche. Les gens associent la méditation à des personnes en pagne qui passent des heures dans la position du lotus. Ils pensent aussi souvent que c'est un peu bizarre. Ces suppositions sont erronées. Tout le monde peut apprendre à méditer. Cela ne prend pas beaucoup de temps et peut se faire à tout moment, dans n'importe quelle tenue et dans n'importe quelle position confortable.

De nombreuses personnes pensent également que la méditation consiste à rester assis pendant de longues périodes sans penser à rien. Ce n'est pas vrai non plus. Le principe central de la méditation consiste à apprendre à écouter votre voix intérieure et à faire un effort conscient pour ralentir votre esprit frénétique. Pour méditer, trouvez un endroit où vous ne serez pas interrompu et une position confortable. Vous pouvez vous tenir debout ou assis, ou même marcher. La position n'a pas d'importance tant qu'elle est confortable et ne vous distraira pas.

Fermez les yeux et détendez-vous. La première fois que vous ferez cela, vous verrez probablement un flot de pensées se disputer l'attention. Pour les faire taire, vous pouvez utiliser l'une des nombreuses techniques disponibles. L'une des plus simples consiste à se concentrer sur sa respiration. Comptez silencieusement chaque fois que vous inspirez et expirez. Essayez de vous concentrer sur chaque respiration. D'autres pensées vont apparaître et disparaître. Ne vous inquiétez pas, c'est normal. Laissez-les aller et venir. Si vous vous surprenez à suivre un train de pensées particulier, déconnectez-vous en vous recentrant sur votre respiration.

C'est vraiment tout ce qu'il y a à faire. Certaines personnes trouvent plus facile d'utiliser la technique bouddhiste qui consiste à s'imaginer comme une porte battante. Quand vous inspirez, elle se balance dans un sens. Lorsque vous expirez, elle pivote dans l'autre sens. Visualisez la porte et utilisez-la pour concentrer votre méditation. Il existe de nombreuses techniques de méditation. Expérimentez pour trouver celle qui vous convient le mieux. Au début, vous pouvez méditer pendant cinq minutes seulement. Lorsque vous serez plus expérimenté, vous voudrez peut-être le faire plus longtemps.

Bien que cela semble simple, il a été démontré que la méditation apporte de nombreux avantages. Une étude menée par l'université de Yale a révélé que la méditation réduit l'activité du réseau du mode par défaut (DMN), la partie du cerveau associée à la surpensée. En 2014, le Dr Madhav Goyal et une équipe de chercheurs de l'université John's Hopkins ont mené une recherche sur les effets de la méditation sur la dépression. Leurs conclusions ont été surprenantes : La méditation était aussi efficace que les médicaments antidépresseurs pour réduire les effets de la dépression. Une étude menée en 2011 par Sara Lazar, docteur en médecine de l'université de Harvard, a révélé que la méditation pouvait modifier la taille de certaines zones du cerveau. Les sujets n'ont reçu que huit semaines d'entraînement à la réduction du stress basée sur la pleine conscience (MBSR). Les scanners cérébraux ont montré que cela entraînait une augmentation des parties du cerveau associées à l'apprentissage, à la mémoire et à la régulation des émotions. L'étude a également révélé une réduction de la taille des parties du cerveau responsables de l'anxiété et de la peur.

Mieux encore, d'autres études ont montré que la méditation peut entraîner des changements rapides. Une étude publiée en 2013 dans *Psychological Science*, le journal de l'Association of Psychological Science, a révélé que deux semaines de méditation seulement produisaient des résultats notables en termes d'amélioration de la mémoire , de la concentration et de réduction des pensées excessives. De nombreuses personnes signalent des améliorations du niveau de stress et de la concentration dans un délai de deux semaines à un mois.

Essayez d'intégrer la méditation dans votre routine quotidienne. Commencez par cinq minutes, au moins trois jours par semaine (ou tous les jours si vous avez le temps). Continuez ainsi pendant un mois et voyez si vous sentez une différence. Au chapitre 9, vous trouverez plusieurs exercices que vous pouvez utiliser pendant la méditation et qui sont spécifiquement destinés à stimuler la pensée positive. Il s'agit des exercices suivants :

- Une méditation sur l'amour bienveillant
- Mouvement conscient
- Une semaine de gratitude

Utilisez ces exercices dans le cadre de votre routine de méditation.

Comment la peur vous empêche d'avancer

La peur est une émotion tout à fait normale, qui vise à assurer notre sécurité. Cependant, la peur des dangers physiques est relativement rare. Nous avons plutôt tendance à craindre des choses intangibles, comme perdre le respect des autres ou l'estime de soi. Cela peut conduire à une peur compulsive de l'échec. Cela aussi est normal : Personne n'a envie d'échouer lorsqu'il entreprend quelque chose. Mais si vous laissez la peur de l'échec vous empêcher d'essayer, vous n'atteindrez jamais vos objectifs.

Heureusement, il existe un certain nombre de techniques efficaces pour faire face à la peur.

L'une des plus courantes est appelée "*affronter sa peur*". Il s'agit de réfléchir aux racines d'une peur particulière. Par exemple, vous aimeriez peut-être créer une nouvelle entreprise, mais vous en êtes empêché par la peur d'échouer. Si vous commencez à examiner cette peur en détail, vous vous rendrez compte qu'elle est composée de nombreuses peurs subsidiaires. Vous pouvez craindre de perdre le respect de vos amis, de votre famille et de vos collègues. Vous pouvez craindre de ne pas avoir assez d'argent pour subvenir aux besoins de votre famille. Vous pouvez tout simplement craindre d'avoir l'air idiot si vous échouez.

Faire face à ses peurs signifie déconstruire sa peur pour l'examiner en détail. Par exemple, la peur de perdre le respect de votre famille est-elle vraiment rationnelle ? Leur respect serait-il accru par votre volonté et votre capacité à créer une nouvelle entreprise, qu'elle soit ou non couronnée de succès ? De même, la crainte de ne pas avoir assez d'argent pour subvenir aux besoins de votre famille est-elle fondée sur des faits ? Si vous lancez une nouvelle entreprise et qu'elle échoue, ne seriez-vous pas en mesure de trouver un autre emploi ? Si vous réfléchissez à vos peurs en détail comme ceci, vous découvrirez souvent qu'elles sont sans fondement ou que vous pouvez prendre des mesures pour les atténuer. Si vous pouvez traiter les petites peurs une par une, vous constaterez que la grande peur qui vous empêche d'agir s'estompe également.

Une autre technique efficace est appelée "*pré-mortem*". Cette technique est similaire à celle qui consiste à affronter sa peur, mais elle consiste à prendre des peurs individuelles et à examiner en détail le pire qui pourrait arriver, puis à travailler à rebours pour voir comment vous pouvez l'éviter. Prenez la peur de ne pas avoir assez d'argent si vous créez une nouvelle entreprise. Le pire qui puisse arriver est que vous vous retrouviez sans le sou, sans abri et endetté. Maintenant, réfléchissez à la façon dont vous avez pu en arriver là et, surtout, à la façon dont vous pourriez éviter cette situation. Vous auriez peut-être dû fixer des limites à vos dépenses et à vos emprunts, examiner plus fréquemment votre situation financière et peut-être demander des conseils financiers. Si vous intégrez ces éléments dans vos plans, vous pouvez être certain d'éviter le pire des scénarios.

La meilleure façon de faire face à la peur de l'intangible est peut-être de modifier votre attitude vis-à-vis de l'échec. Si vous voulez être absolument certain d'éviter l'échec, il n'y a qu'un seul moyen : Ne jamais rien tenter et ne jamais prendre de risque. Cependant, vous avez très peu de chances d'atteindre vos objectifs en suivant une telle voie. Au contraire, si vous voulez améliorer votre vie, vous devez être prêt à prendre des risques. Parfois, ceux-ci seront synonymes d'échec. Mais vous devez apprendre à considérer l'échec non pas comme un désastre, mais comme une occasion d'apprendre.

Chaque fois que vous échouez, vous apprenez. Si vous essayez à nouveau, cet apprentissage vous rend moins susceptible d'échouer à nouveau. Souvent, ce n'est qu'en essayant, en échouant, en apprenant et en allant de l'avant que nous faisons de réels progrès. Rappelez-vous le vieil adage du parieur : ne risquez jamais plus que ce que vous pouvez vous permettre de perdre.

.

Une chose à la fois

Changer votre état d'esprit pour accepter et utiliser la pensée positive implique de nombreux éléments différents et a des applications dans tous les aspects de votre vie. La tentation est grande d'être multitâche, d'essayer de faire beaucoup de choses en même temps. Ne soyez pas tenté de le faire. Le multitâche est presque toujours moins efficace que le travail séquentiel, une chose à la fois.

Le multitâche est souvent considéré comme une vertu dans le monde moderne. Cela semble pratique. Nous avons tous des demandes concurrentes pour notre temps et notre énergie. Effectuer plusieurs tâches à la fois semble être une manière efficace de dépenser notre temps. La plupart des études montrent catégoriquement que ce n'est pas vrai. Le multitâche produit plus d'activité, mais les chercheurs ont suggéré que le multitâche peut en fait réduire votre productivité dans n'importe quelle tâche jusqu'à 40%.

Dans une étude réalisée en 2009[13], Clifford Nass, chercheur à l'université de Stanford, a découvert que les personnes qui ont l'habitude du multitâche sont nettement moins aptes à distinguer les informations importantes des détails non pertinents. Ces personnes étaient également inefficaces lorsqu'on leur présentait une tâche unique. Il semble que le multitâche constant ait en quelque sorte réduit leur capacité à identifier ce qui est vraiment important.

Ces études montrent qu'il est toujours plus efficace de travailler de manière séquentielle, en effectuant une tâche et en la poursuivant jusqu'à son terme, que d'essayer de faire plusieurs choses à la fois.

Lorsque vous envisagez d'introduire la pensée positive dans votre vie, travaillez de manière séquentielle. N'essayez pas d'ajouter la pensée positive à tout ce que vous faites en même temps. Établissez un plan. Décidez dans quels domaines précis vous voulez intégrer la pensée

---

13   Ophir E, Nass C, Wagner AD. Cognitive control in media multitaskers. Proceedings of the National Academy of Sciences of the United States of America, 2009

positive. Commencez par de petites choses. Appliquez les nouvelles techniques, voyez comment elles fonctionnent et comment elles modifient votre façon de penser. Ensuite seulement, pensez à étendre la pensée positive à d'autres domaines.

Faites un pas après l'autre.

Où en êtes-vous maintenant ?

Il est important que vous sachiez clairement où vous en êtes actuellement en termes de pensée positive. Vous devriez déjà avoir effectué l'évaluation de la pensée positive au chapitre 9. Si ce n'est pas le cas, faites-le maintenant.

Cette évaluation confirmera votre style émotionnel actuel et identifiera trois domaines dans lesquels la pensée positive fera la plus grande différence. Peut-être y a-t-il des éléments de votre travail où vous semblez coincé dans des schémas de négativité ? Peut-être avez-vous des relations (ou une relation particulière) basées sur la négativité ?

C'est à vous de choisir par où commencer. Tout dépend des domaines de la vie que vous souhaitez modifier. Une fois que vous avez identifié trois domaines, examinez-les plus en détail. Y a-t-il des comportements particuliers que vous voulez changer ? Y a-t-il des projets ou des réunions au travail pour lesquels vous avez du mal à vous exprimer et à garder une attitude positive ? Y a-t-il des situations personnelles où vous vous trouvez constamment négatif ?

Référez-vous à vos valeurs et à vos objectifs. Souvent, la négativité est le résultat d'un comportement qui n'est pas en accord avec vos valeurs ou qui ne permet pas de progresser vers vos objectifs personnels. Que devez-vous faire pour modifier votre comportement afin qu'il corresponde à ces valeurs et à ces objectifs ?

Demandez-vous si la peur vous rend négatif. Souvent, nous n'agissons pas ou ne nous exprimons pas simplement parce que nous avons peur. Il peut s'agir d'une peur du conflit. Il peut s'agir de la peur de perdre le respect des autres, de les rendre malheureux ou même de les mettre en colère en disant ce que nous pensons vraiment. Utilisez les techniques de maîtrise de la peur pour comprendre et contrer vos peurs.

Ce n'est qu'une fois que vous êtes certain de votre situation actuelle que vous pouvez décider où vous voulez commencer à utiliser les techniques de la pensée positive.

Si vous souhaitez en savoir plus sur l'affirmation de vos émotions et de vos besoins, consultez notre livre sur L'Assertivité au Quotidien.

Développer une narration positive de soi

La façon dont nous pensons à nos expériences de vie s'appelle un récit de soi. Ce sont les histoires que nous nous racontons sur nos échecs et nos succès. Essayez de penser à un exemple de chacun d'eux dans votre vie. Rédigez un bref résumé des deux.

Maintenant, examinez vraiment la façon dont vous avez pensé à ceux-ci. Comment avez-vous raconté l'histoire de votre réussite ? S'il s'agissait d'un succès au travail, avez-vous vraiment reconnu votre travail acharné, votre dévouement et vos réalisations ? Ou bien les avez-vous mis de côté et avez-vous attribué votre succès à la chance ou au hasard ? Malheureusement, c'est ce que beaucoup d'entre nous font. Faites l'exercice *Célébrer vos réalisations* au chapitre 9 pour cibler votre réflexion.

Considérez maintenant votre échec. L'avez-vous attribué directement à votre incapacité, votre inaction, voire votre incompétence ? C'est également très courant. Cependant, la vérité est que l'action ou l'inaction des autres est souvent un facteur contributif. La plupart des échecs ne sont pas entièrement imputables à nous-mêmes, mais c'est pourtant ainsi que nous les voyons.

Pouvez-vous voir comment cette narration de soi assez typique est globalement négative ? Vous supposez que le succès est dû à des influences extérieures, mais vous considérez que l'échec vous appartient entièrement. Nous apprenons ces styles de narration personnelle très tôt dans la vie. Souvent, nous minimisons notre rôle dans la réussite parce qu'agir autrement est perçu comme de la vantardise ou de l'égoïsme. C'est une erreur fondamentale. Si vous voulez devenir un penseur positif, vous devez apprendre à recadrer votre récit personnel pour qu'il soit à la fois positif et favorable à votre personne.

Des recherches menées par la Northwestern University[14] et publiées dans le *Journal of Experimental Social Psychology* ont suggéré une nouvelle façon de construire des récits positifs de soi : Les récits de construction de la compétence. Cette approche consiste à faire un effort conscient pour examiner les succès et les échecs d'une manière différente.

Pour les réussites, vous devez penser à la manière dont vos compétences, vos aptitudes, votre expérience et votre travail acharné ont conduit à ce succès. Imaginez que l'un de ces attributs vous ait fait défaut. Auriez-vous quand même réussi ? Pour les échecs, pensez spécifiquement à l'effort que vous avez fourni. Ensuite, considérez que vous avez été capable de faire face à l'échec et, surtout, pensez à ce que vous avez appris de cette expérience qui vous aidera à éviter la même situation à l'avenir. Si vous les considérez de cette manière, les succès comme les échecs peuvent contribuer à la pensée positive.

Reprenez l'exemple d'un échec et d'un succès que vous avez sélectionné ci-dessus. Appliquez les techniques de la narration axée sur la compétence pour les revoir. Racontez à nouveau les deux histoires de manière positive. Cela change-t-il vos sentiments à l'égard de cette réussite et de cet échec ?

Apprenez à appliquer cette technique de manière cohérente. Ne vous contentez pas mettre sous silence les succès et de vous complaire dans les échecs. Créez un récit pour l'un ou l'autre qui soit l'histoire de ce que vous avez réalisé et appris. Si vous le faites régulièrement, cela deviendra une habitude. Intégrer naturellement le renforcement des compétences dans votre récit de soi est un moyen efficace et éprouvé de stimuler la pensée positive.

---

14 Brady K. Jones*, Mesmin Destin, Dan P. McAdams, *Telling better stories : Competence-building narrative themes increase adolescent persistence and academic achievement*, Journal of Experimental Social Psychology, 2018.

Il y a toujours quelque chose à apprendre

En devenant un penseur positif, vous augmenterez votre confiance en vous. Cependant, vous devez toujours veiller à ce que la confiance ne devienne pas de l'arrogance. Peu importe ce que vous apprenez et l'ampleur de vos succès, il y a toujours plus à apprendre. Les personnes qui réussissent le mieux ne sont pas seulement suffisamment sûres d'elles pour atteindre leurs objectifs, elles ont aussi suffisamment d'humilité pour accepter qu'il est toujours possible de s'améliorer.

Certaines personnes confondent l'humilité avec la faiblesse et l'incertitude, mais c'est une erreur. L'humilité consiste à reconnaître que personne ne peut tout savoir et que, quel que soit le nombre d'objectifs que vous atteignez, il y a toujours de nouveaux apprentissages possibles.

La pensée positive vous rendra plus heureux, plus épanoui et en meilleure santé. Elle ne peut pas vous rendre parfait. Ne perdez jamais cela de vue et ne soyez pas tenté de vous comparer aux autres. C'est une chose que nous faisons tous, mais qui n'est ni utile ni productive. Connaissez vos propres valeurs intérieures et soyez clair sur vos propres objectifs. Ne mesurez pas vos progrès par rapport à d'autres personnes, mais par rapport à la mesure dans laquelle vos actions s'alignent sur vos valeurs et font progresser vos objectifs.

Positivité toxique

Vous comprenez maintenant que la positivité a toutes sortes d'avantages physiques et mentaux. C'est un état d'esprit qui peut changer votre vie pour le mieux. Cependant, les psychologues ont découvert un phénomène appelé "*positivité toxique*", qui peut en fait être nuisible. Jetons un coup d'œil à la positivité toxique et à la façon dont vous pouvez l'éviter.

L'une des principales causes de la positivité toxique est la croyance selon laquelle, pour rester positif, il ne faut jamais ressentir le malheur, la colère, la frustration ou toute autre émotion négative. Les personnes qui essaient de devenir des penseurs positifs peuvent éprouver des sentiments de culpabilité et de honte lorsqu'elles tentent de nier les émotions négatives. Malheureusement, vous serez presque certainement confronté à des revers et à des échecs dans votre vie, quelle que soit votre attitude positive. Lorsque vous êtes confronté à des circonstances stressantes, il est tout à fait normal de vous sentir inquiet, anxieux ou même en colère. N'essayez pas de supprimer ou d'ignorer ces émotions. Mais ne vous y attardez pas non plus. Acceptez-les, puis passez à autre chose, en utilisant l'autogestion et la positivité pour vous aider à voir les mesures que vous devez prendre pour améliorer la situation. La positivité ne signifie pas que vous ne serez jamais confronté à des défis ou à des émotions négatives. Elle vous donne simplement les outils nécessaires pour y faire face.

Un autre aspect de la positivité toxique consiste à ignorer les problèmes, les siens et ceux des autres. Certaines personnes semblent penser qu'être positif signifie ne voir que les événements et les circonstances qui sont positifs, et développer une sorte de cécité sélective pour tout ce qui est négatif. Si vous ignorez vos propres problèmes, ils ne feront qu'empirer. Prétendre que tout va bien alors que ce n'est manifestement pas le cas n'est pas de la pensée positive, c'est juste une façon de se cacher de la réalité. Acceptez vos problèmes et utilisez la pensée positive pour en comprendre la cause et trouver la meilleure façon d'agir pour les résoudre. Si d'autres personnes expriment des émotions difficiles, ne les ignorez pas, n'essayez pas de les minimiser et ne tentez pas d'écarter cette personne avec des conseils désinvoltes et superficiels tels que

"*Restez positif* !". Utilisez la pensée positive et vos capacités d'écoute pour apporter votre soutien et trouver des moyens d'améliorer la situation.

Être un penseur positif ne signifie pas que vous ne ressentirez jamais d'émotions négatives. Être heureux est un choix, mais faire ce choix ne signifie pas que vous serez ou devrez être heureux 100 % du temps. Acceptez-le et vous éviterez les pires pièges potentiels de la positivité toxique.

Chapitre 5 : Outils pour développer la pensée positive

Concentrez-vous sur vos valeurs et vos objectifs

Dans le dernier chapitre, nous avons examiné comment établir vos valeurs personnelles et fixer des objectifs en accord avec ces valeurs. Comment pouvez-vous utiliser ces objectifs pour favoriser la pensée positive ?

Lorsque vous devez prendre une décision, utilisez vos valeurs et vos objectifs pour vous aider à décider. Prenez une décision qui est en accord avec vos valeurs et, si possible, qui fait avancer vos objectifs. Si vous utilisez ces critères, vous prendrez des décisions plus positives.

Prenez l'habitude, chaque soir, au moment de vous endormir, de passer en revue les progrès accomplis dans la réalisation de vos objectifs de la journée. Célébrez vos réussites. Considérez les actions que vous avez entreprises et qui sont en accord avec vos valeurs, aussi petites soient-elles.

Si vous subissez un échec ou un revers dans la réalisation de vos objectifs, utilisez une approche d'auto-récit de renforcement des compétences pour examiner ce que vous avez appris de cette expérience. Réfléchissez à la manière dont cet apprentissage vous aidera à réussir à l'avenir. Ne laissez jamais un échec vous conduire à renoncer à un objectif. Au contraire, utilisez cet échec pour comprendre comment progresser plus efficacement.

Les objectifs ne sont pas quelque chose que l'on fixe puis que l'on oublie. Revoyez fréquemment vos objectifs. Les vies et les circonstances changent, et un objectif qui semblait si important il y a 12 mois peut l'être moins aujourd'hui. Pour qu'ils vous fournissent la motivation dont vous avez besoin, vos objectifs doivent être pertinents par rapport à votre situation actuelle. Mettez vos objectifs à jour au besoin.

Utiliser la méditation

Dans le chapitre précédent, nous avons parlé de la méditation et de la façon dont elle peut aider à développer la pleine conscience, un état d'esprit qui permet de développer la pensée positive. Comment pouvez-vous introduire la méditation et la pleine conscience dans votre routine quotidienne ?

Essayez de réserver du temps pour la méditation. L'endroit où vous le faites n'a pas d'importance, à condition que vous ne soyez pas dérangé. N'oubliez pas que vous pouvez méditer pendant cinq minutes seulement ou pendant le temps dont vous disposez. Des études ont montré que deux minutes de méditation suffisent à améliorer de façon mesurable la réduction du stress et le bien-être mental.

Réservez un moment dans votre emploi du temps quotidien pour la méditation. Cela peut être le matin, le soir ou même pendant la journée de travail, à condition de trouver un moment et un endroit où vous vous sentez bien et où vous ne serez pas interrompu.

Rappelez-vous que le but de la méditation n'est pas de se concentrer sur des pensées positives. La méditation idéale ne se concentre sur aucune pensée du tout. Cependant, la simple absence de pensées stressantes ou négatives donne une impulsion notable à la positivité.

Si vous le trouvez utile, utilisez la méditation guidée. Celles-ci utilisent la voix d'un professeur et parfois de la musique pour diriger et approfondir votre méditation. Il suffit de saisir "*méditation guidée positive*" dans n'importe quel moteur de recherche pour trouver de nombreux exemples en ligne disponibles gratuitement. Expérimentez jusqu'à ce que vous trouviez ce qui fonctionne le mieux pour vous.

Utilisez la technique RAIN

Cette technique a d'abord été mise au point par Michele McDonald, professeur bouddhiste et cofondatrice de Vipassana Hawai'I, puis développée et adaptée par la psychologue et auteure Tara Brach, docteur en psychologie[15]. La technique RAIN est liée à la pleine conscience et vise à accroître votre positivité en réduisant l'impacte des pensées stressantes et négatives. RAIN est un acronyme qui signifie :

- Reconnaître
- Accepter
- Investiguer
- Ne pas s'identifier

Si vous avez du mal à gérer les émotions négatives, vous pouvez utiliser les quatre étapes de la technique RAIN comme suit :

Reconnaître. Prenez le temps d'identifier les différentes émotions qui vous troublent. Faites une liste mentale. N'essayez pas de les qualifier de positives ou de négatives, mais prenez le temps de bien comprendre d'où viennent vos sentiments actuels. De nombreuses personnes trouvent cette première étape utile car elle permet de démêler ce qui peut être un réseau complexe d'émotions.

Accepter. N'essayez pas de supprimer vos émotions, même si elles sont négatives. Acceptez simplement qu'elles existent. Ce n'est pas toujours confortable. Cela peut même être désagréable. Cependant, le premier pas vers la gestion des émotions consiste simplement à accepter qu'elles sont là.

Investiguer. Posez-vous des questions sur les émotions que vous avez identifiées. Avez-vous déjà ressenti cette émotion auparavant ? Pouvez-vous voir ce qui a provoqué l'apparition de cette émotion ? Pouvez-vous envisager une action qui vous aidera à réduire cette émotion ? Essayez de faire cela non pas comme un

---

15 Tara Brach, Radical Compassion: Learning to Love Yourself and Your World with the Practice of RAIN, Penguin Life, 2019.

interrogatoire, mais comme si vous aviez une conversation amicale et encourageante avec vous-même. Vous pouvez même imaginer que vous discutez de ces émotions avec votre sage défenseur, comme décrit au chapitre 3.

Ne pas s'identifier. Acceptez que les émotions négatives font partie de vous, mais que, comme toutes les émotions, elles sont passagères et vont bientôt disparaître. Réfléchissez aux actions de compassion que vous pouvez effectuer pour atténuer l'émotion et ses effets sur vous.

Utilisez des rituels de soins personnels

Prendre soin de soi fait partie intégrante du développement de la pensée positive. Essayez d'intégrer ces soins à votre routine quotidienne. C'est ce que l'on entend par "*rituel*". Vous trouverez de nombreuses idées pour prendre soin de soi dans ce livre. Choisissez celles qui vous conviennent et consacrez-leur du temps chaque jour.

Essayez de trouver du temps pour :

De la compassion envers vous-même. Essayez de terminer chaque journée en pensant à vos réalisations. Peut-être qu'au moment de vous coucher, repensez à votre journée et identifiez les événements qui vous ont rendu heureux et épanoui. Pensez aux actions qui sont en accord avec vos valeurs et qui vous aident à progresser vers vos objectifs.

La relaxation. Qu'est-ce qui vous aide à vous détendre ? Aimez-vous lire ? Regarder la télévision ? Faire une promenade ? Écouter de la musique ? La relaxation est importante, alors assurez-vous de prévoir du temps pour la forme de relaxation de votre choix dans votre programme quotidien. N'essayez pas de le faire pendant que vous faites d'autres activités. Si vous aimez écouter de la musique, par exemple, ne le faites pas pendant que vous travaillez. Réservez du temps pour vous et la musique.

L'ancrage. La méditation est un excellent moyen de garder les pieds sur terre et de revenir à l'essentiel. Essayez d'inclure la méditation dans votre programme quotidien, ne serait-ce que pour cinq minutes.

Faites de l'exercice. Lorsque votre corps se sent rafraîchi et revigoré, votre esprit est plus susceptible d'être clair et sans stress. Essayez d'inclure l'exercice dans votre programme quotidien. Il ne s'agit pas nécessairement d'aller à la salle de sport ou de faire une forme d'exercice intense, mais au moins de faire une petite promenade chaque jour. Pendant que vous marchez, prenez le temps de vraiment prendre conscience du monde qui vous entoure et d'apprécier ce qui se passe au niveau de chacun de vos sens.

Avoir une conversation en pleine conscience

La plupart des gens ont des conversations tout le temps, mais la vérité est que beaucoup de ces conversations sont éphémères et véhiculent peu de sens réel. Les gens nous parlent, mais nous n'accordons pas vraiment toute notre concentration à ce qu'ils disent et nous ne répondons pas de manière appropriée. Nous pouvons sembler être attentifs, mais nous pensons à autre chose. Une communication efficace est essentielle si vous voulez comprendre les autres et mettre en pratique les compétences dont vous avez besoin pour qu'ils vous comprennent. La conversation idéale est une conversation consciente, dans laquelle vous êtes pleinement là au moment présent. Vous ne vous contentez pas d'entendre ce que l'autre personne dit, mais vous l'écoutez vraiment et comprenez ce qu'elle veut dire. Essayez les étapes suivantes pour avoir une conversation en pleine conscience :

Supprimez les distractions. Éteignez votre téléphone. S'il y a un ordinateur, une télévision ou une radio à proximité, assurez-vous qu'ils sont éteints. Assurez-vous que vous pouvez discuter librement, sans être interrompu ou entendu. Dans la mesure du possible, ignorez les pensées qui vous distraient pendant la conversation et accordez toute votre attention à ce qui est dit.

Regardez l'autre personne. Qu'est-ce que son langage corporel et sa posture vous apprennent sur ses émotions ? Établissez un contact visuel fréquent, mais ne fixez pas votre interlocuteur.

Écoutez la voix de votre interlocuteur. Les gens ne communiquent pas seulement par les mots qu'ils choisissent, mais aussi par le ton de leur voix. Les gens disent parfois une chose alors qu'ils en pensent une autre. Le ton de la voix de votre interlocuteur correspond-il à ses paroles ? Si ce n'est pas le cas, demandez-vous pourquoi.

Apprenez à répondre, pas seulement à réagir. Trop souvent, lorsque nous n'écoutons pas vraiment ce que dit une autre personne, nous réagissons à ce qu'elle dit par des interjections sans signification : "*Hmm*", "*Vraiment ?* " "*Wow.*" Si vous écoutez avec toute votre attention, lorsque l'autre personne fait une pause, vous serez en mesure de répondre clairement. Cela permet à l'interlocuteur de savoir que vous avez suivi ce qu'il dit et que vous comprenez son sens.

Pensez à votre interlocuteur, pas à vous-même. Souvent, lors d'une conversation, nous n'écoutons pas correctement notre interlocuteur parce que nous répétons mentalement ce que nous allons dire lorsque ce sera notre tour. Faites un effort pour ne pas faire cela. Restez concentré sur ce qu'ils disent. Lorsqu'il fait une pause, prenez un moment pour réfléchir à ce que vous allez dire, puis répondez.

Les circonstances extérieures affectent-elles la conversation ? L'autre personne éprouve-t-elle des émotions qui affectent ce qu'elle dit ? Êtes-vous capable de reconnaître ces émotions ? Pouvez-vous voir d'où elles viennent ? Êtes-vous capable d'adapter vos réponses aux émotions de l'autre personne ?

Ressentez sans juger. Soyez certain de comprendre ce que l'autre personne dit, mais répondez sans porter de jugement ni être sur la défensive. Quelles émotions la conversation génère-t-elle en vous ? Pouvez-vous les reconnaître ? Comprenez-vous d'où elles viennent ? Ne laissez pas vos émotions dominer la conversation. Soyez-en conscient, puis laissez-les partir.

Vous serez étonné de voir à quel point une conversation attentive peut créer une grande connexion. Vous serez également surpris de voir à quel point l'autre personne l'apprécie. La plupart des conversations que nous avons chaque jour impliquent en fait très peu de communication. Une conversation authentiquement consciente donne à toutes les personnes impliquées un sentiment plus positif.

Comment faire face à la surpensée

Si vous souffrez de pensées excessives, voici quelques techniques que vous pouvez utiliser :

Soyez conscient de vos pensées excessives. Le simple fait d'être conscient que vous pensez trop est un bon moyen d'en réduire les effets. La surpensée est souvent liée au passé ou à l'avenir. Nous passons sans cesse en revue nos expériences passées et nous nous demandons ce que nous aurions pu faire différemment. Ou bien, nous nous inquiétons excessivement de l'avenir, essayant de prédire ce qui va se passer et nous concentrant sur les résultats négatifs potentiels. Penser au passé n'est utile que si vous considérez ce que vous avez appris et comment vous pouvez utiliser ces connaissances à l'avenir. Toute autre pensée négative concernant le passé est inutile et improductive, et vous devez faire un effort conscient pour l'éviter. Penser à l'avenir n'est utile que si vous envisagez ce que vous allez faire, c'est-à-dire si vous vous concentrez sur les actions et les solutions.

Soyez axé sur les solutions. Il est possible que vous soyez confronté à des problèmes à l'avenir. Cependant, de nombreuses personnes se retrouvent obsédées par toute une série de choses qui pourraient (ou ne pourraient pas) se produire. Cette focalisation conduit à l'anxiété et augmente la peur qui peut vous empêcher d'agir. Ne perdez pas votre temps et votre énergie mentale à penser à des problèmes qui pourraient ne jamais se produire. Si vous êtes au courant d'un problème futur, alors pensez à ce que vous pouvez faire pour le résoudre.

Mettez vos pensées au défi. Imaginez ce scénario : Vous êtes en route pour une réunion importante. Vous êtes coincé dans un embouteillage et vous savez que vous allez être en retard. Cette situation est un excellent catalyseur pour penser trop et imaginer toutes les mauvaises choses qui peuvent arriver. Arrêtez. Prenez une grande respiration et, à la place, mettez votre esprit en alerte. Réfléchissez plutôt à l'action que vous pouvez entreprendre pour améliorer la situation. Pouvez-vous appeler à l'avance pour dire que vous serez en retard ? Pouvez-vous reprogrammer la réunion ? Que ferez-vous si vous arrivez en retard ? Demandez conseil à votre sage défenseur. Imaginez que ce ne soit pas vous mais un ami qui se trouve dans cette situation. Que lui conseilleriez-vous de faire ? Ne laissez pas votre anxiété prendre le dessus. Recentrez votre pensée sur l'action positive que vous pouvez entreprendre.

Le problème de la surpensée est qu'elle n'est pas seulement épuisante, elle est aussi improductive. La surpensée génère plus d'anxiété, et provoque plus de surpensée dans un cycle d'inquiétude qui mène rarement à une action positive.

Alimentation et humeur

"*Vous êtes ce que vous mangez*" est l'un de ces vieux dictons dont la science moderne a prouvé la véracité. Lorsque vous vous sentez déprimé ou simplement négatif, il n'est que trop facile de vous retrouver à manger beaucoup de crème glacée ou à vous gaver d'aliments riches en calories. Malheureusement, manger les mauvais aliments peut vous rendre encore plus négatif.

Aucun aliment n'est à l'origine de la négativité. Cependant, une étude de 2014 publiée dans la revue scientifique *Brain, Behavior, and Immunity* a analysé les données d'une étude de santé sur les infirmières et a trouvé un lien direct entre la dépression et une alimentation riche en sucre, en céréales raffinées et en viande rouge. Une autre étude publiée dans l'*European Journal of Nutrition* a également identifié un lien possible entre le fait de manger beaucoup de viande et la dépression.

Heureusement, il existe des aliments qui ont l'effet inverse. Patricia Chocano-Bedoya, chercheuse invitée au département de nutrition de l'école de santé publique T.H. Chan de Harvard, a mené plusieurs études sur plusieurs années et a déclaré dans une interview pour la Harvard Medical School que :

> "*Il existe des preuves cohérentes en faveur d'un modèle alimentaire de style méditerranéen et d'un risque plus faible de dépression*".

Qu'est-ce qu'un régime méditerranéen ? Il s'agit d'un régime riche en fruits, légumes, huile d'olive, céréales complètes et protéines maigres comme le poulet et le poisson. Ce régime est également pauvre en viande rouge et en graisses malsaines. Nous savons également que les légumes verts tels que les épinards et le chou frisé contiennent des acides gras oméga-3 sains ainsi que du magnésium, qui semble jouer un rôle important dans l'amélioration des fonctions cérébrales et l'amélioration de l'humeur.

Les preuves sont claires. Les aliments riches en graisses et en sucres et la consommation excessive de viande rouge ont tendance à réduire le moral. Manger un régime méditerranéen ne vous rendra pas seulement en bonne santé. Il vous aidera à renforcer votre capacité à penser positivement.

Exercice physique

Il a été prouvé que l'exercice physique est un excellent moyen de combattre la négativité. En plus d'améliorer votre santé et votre forme physique, l'exercice procure un certain nombre de bienfaits sur le plan mental. Lorsque vous faites de l'exercice, votre corps libère des substances chimiques appelées endorphines. Ces substances chimiques procurent une sensation immédiate de bien-être ainsi qu'un état d'esprit énergique et positif. Des études ont montré[16] que même une courte séance d'exercice peut réduire les sentiments d'anxiété et de dépression, stimuler certaines fonctions cognitives et vous aider à mieux dormir.

Cependant, il a également été démontré que l'exercice physique a des effets à long terme sur votre cerveau. Plusieurs études confirment que les personnes qui pratiquent régulièrement une activité physique modérée à vigoureuse obtiennent de meilleurs résultats aux tests académiques et neuropsychologiques, en particulier aux tests qui mesurent la vitesse de traitement mental, la mémoire et les fonctions exécutives. L'activité physique permet également d'éviter le déclin cognitif qui survient avec l'âge et de réduire le risque de maladies dégénératives, notamment la démence et la maladie d'Alzheimer.

Quelle quantité d'exercice devez-vous faire pour améliorer votre bien-être ? Cela dépend en partie de l'intensité de votre exercice. Plus l'exercice que vous pratiquez est exigeant, moins vous devez y consacrer de temps pour obtenir des résultats positifs. Selon les recommandations du ministère américain de la santé et des services sociaux, l'optimum pour les adultes est de 150 à 300 minutes par semaine d'activité physique d'intensité modérée, comme la marche rapide. Des études semblent indiquer qu'un exercice de 30 minutes, trois fois par semaine, est le minimum requis, bien que certaines personnes signalent que 15 minutes seulement d'exercice aérobique pratiqué chaque jour peuvent faire une différence significative.

---

16 Physical Activity Guidelines for Americans, 2nd Edition, U.S. Department of Health and Human Services.

La vérité est que beaucoup d'entre nous ne font actuellement que peu ou pas d'exercice, aussi toute amélioration sera-t-elle bénéfique. Prenez les escaliers au lieu de l'ascenseur, garez-vous plus loin de votre lieu de travail, descendez du bus ou du train un arrêt plus tôt que d'habitude et faites le reste à pied, ou faites une marche rapide entre deux réunions. Tout ce que vous pouvez faire pour augmenter votre niveau d'exercice actuel vous apportera des bénéfices physiques et améliorera vos capacités de pensée positive.

Affirmations

"Un homme n'est que le produit de ses pensées. Ce qu'il pense, il le devient."

Mahatma Gandhi

Les mots sont puissants. Les mots façonnent nos pensées, et les pensées dirigent nos actions. Le concept des affirmations est basé sur ce principe. Il s'agit de décrire en mots ce que nous voulons réaliser. Se dire ces mots à soi-même permet de diriger nos pensées.

La technique de l'affirmation consiste simplement à trouver les mots pour décrire une situation positive que vous souhaitez obtenir, puis à vous les répéter. L'affirmation n'est pas un simple vœu pieux. Un certain nombre d'études montrent[17] que l'affirmation contribue à reconnecter votre cerveau, en nous faisant croire à ces idées et en nous persuadant que nous pouvons les réaliser. Considérez les affirmations comme des exercices pour le cerveau. Si vous faites régulièrement le même exercice physique, vos muscles deviendront plus gros et meilleurs à cet exercice. Si vous répétez la même affirmation, votre cerveau apprendra à intégrer cette croyance dans tout ce qu'il fait.

Les affirmations sont personnelles. Elles doivent être pertinentes pour votre vie et applicables à votre situation. Elles proviennent à la fois de vos valeurs et de vos objectifs. Vous pouvez utiliser la liste d'affirmations ci-dessous comme point de départ pour créer les vôtres.

- J'ai le contrôle de ma vie.
- J'ai tous les attributs nécessaires pour réussir.
- Je choisis d'être heureux.
- Je suis reconnaissant parce que ma vie est remplie d'abondance.
- Mon avenir se déroulera comme je l'ai prévu.
- Je suis rempli d'énergie et de joie.
- Je suis concentré sur le moment présent.

---

17 J. David Creswell, Janine M. Dutcher, William M. P. Klein, Peter R. Harris, John M. Levine, *Self-Affirmation Improves Problem-Solving under Stress*, National Science Foundation, 2013.

- Mes pensées sont positives.

- J'ai confiance en moi, je veux et je peux faire valoir mes besoins.

Dressez une liste d'affirmations qui sont positives et pertinentes pour vous. Répétez-vous-les plusieurs fois par jour.

Prendre le temps de s'amuser

Certaines personnes pensent que la relaxation et le plaisir sont en quelque sorte égoïstes et complaisants. Ce n'est pas le cas. En fait, ce sont des éléments importants pour développer un état d'esprit positif et d'excellents moyens de vous récompenser et de célébrer vos réalisations. Quels sont vos passe-temps actuels ? Que faites-vous pour vous détendre ? Lorsque vous établissez votre programme quotidien, n'oubliez pas de prévoir du temps pour ces deux activités.

Avez-vous déjà eu envie d'essayer de construire un modèle réduit, de coudre une courtepointe ou d'apprendre à peindre ? Peut-être préféreriez-vous apprendre à jouer d'un instrument de musique, faire partie d'une équipe sportive ou vous inscrire à un cours de danse ? Pourquoi ne le faites-vous pas ?

Les passe-temps sont une source d'affirmation et beaucoup d'entre eux peuvent être conscients. Ils permettent de se distraire complètement des pressions et du stress de la vie quotidienne et peuvent être une source de plaisir et d'apprentissage. Tout ce qui vous procure du plaisir (à condition que cela ne nuise ni à vous ni à personne d'autre) est positif. Ne vous inquiétez pas de paraître enfantin ou stupide. Le temps qui vous est consacré vous concerne, et non ce que les autres pensent. Veillez à inclure des moments de détente et d'amusement dans votre programme quotidien.

Chapitre 6 : Le pouvoir de la gratitude

La gratitude est un puissant antidote à la négativité. Nous avons tous des raisons d'être reconnaissants. Parfois, il suffit de recentrer notre pensée pour le reconnaître.

A quel point êtes-vous reconnaissant ?

Pour la plupart d'entre nous, certaines choses vont de soi. Nous ne pensons pas à notre bonne santé avant de tomber malade. Nous ne pensons pas au fait que nous avons un emploi qui nous permet de subvenir aux besoins de notre famille avant de nous inquiéter de le perdre. Nous ne pensons pas au fait que nous vivons dans un endroit sûr jusqu'à ce que nous voyions un reportage sur un pays ravagé par la guerre ou la famine.

Cependant, la gratitude n'est pas seulement un élément qui contribue à nous rendre plus positifs. Un certain nombre d'études ont montré qu'elle améliore également l'estime de soi et les relations[18], qu'elle bannit l'apitoiement sur soi, qu'elle réduit l'anxiété et la dépression[19], qu'elle fait de nous de meilleurs décideurs et qu'elle nous aide même à mieux dormir[20]. Heureusement, la gratitude, tout comme les autres éléments de la pensée positive, est quelque chose qui s'apprend.

Prenez un moment pour vous demander à quelle fréquence vous vous sentez reconnaissant. Tous les jours ? De temps en temps ? Jamais ? Beaucoup d'entre nous tombent dans le piège de ne jamais ressentir de la gratitude. Nous avons parlé précédemment du biais de négativité, c'est-à-dire la tendance à se concentrer sur les mauvaises choses et à passer moins de temps à penser aux bonnes. Vous pouvez aider à compenser ce biais en faisant consciemment l'effort de penser aux bonnes choses de votre vie.

La gratitude est une chose qui peut être entièrement intérieure. Vous pouvez vous sentir reconnaissant pour votre bonne santé ou même pour

---

18   Nezlek, John B. Newman, David B. Thrash, Todd M., A daily diary study of relationships between feelings of gratitude and well-being, The Journal of Positive Psychology, 2017.

19 Fuschia M Sirois, Alex M Wood, *Gratitude uniquely predicts lower depression in chronic illness populations*, American Psychological Association, 2017.

20 Marta Jackowska, Jennie Brown, Amy Ronaldson, *The impact of a brief gratitude intervention on subjective well-being, biology and sleep*, Journal of Health Psychology, 2015.

quelque chose comme le temps. Mais vous pouvez aussi ressentir de la gratitude envers d'autres personnes dans votre vie. À quelle fréquence exprimez-vous cette gratitude ?

C'est le moment idéal pour faire l'exercice *"Raisons d'être reconnaissant"* du chapitre 9.

Commencez un journal de gratitude

Pour faire de la gratitude une habitude, vous pouvez commencer à tenir un journal de gratitude. Il a été démontré que la tenue d'un journal, c'est-à-dire l'écriture quotidienne de vos sentiments, améliore votre bien-être. Tenir un journal de gratitude stimule la pensée positive. Si vous tenez un journal de gratitude quotidien, cela vous aidera à surmonter votre biais de négativité et vous permettra de continuer à penser positivement.

La forme précise que prend ce journal n'est pas importante. Vous pouvez noter les choses dans un carnet ou créer un fichier sur votre ordinateur ou votre téléphone. Vous pouvez acheter des journaux de gratitude qui sont produits commercialement à cette fin. Peu importe ce que vous choisissez, tant que vous écrivez les choses pour lesquelles vous êtes reconnaissant. Le simple fait d'écrire change réellement votre façon de penser. Le fait d'écrire vos sentiments permet à votre subconscient de les laisser partir et vous aide à clarifier ce que vous ressentez. Lorsque vous prenez le temps d'écrire quelque chose, vous pouvez découvrir que vous avez en fait des sentiments très différents à son sujet. Les neuropsychologues ont également identifié *"l'effet de génération"*, qui démontre que les gens se souviennent plus clairement de ce qu'ils ont généré eux-mêmes que de ce qu'ils peuvent lire ou entendre.

Tenez votre journal de gratitude tous les jours. Faites en sorte que l'écriture dans ce journal fasse partie de votre routine quotidienne. Peut-être garderez-vous ce journal à côté de votre lit pour pouvoir le remplir avant de vous coucher. Peut-être le garderez-vous sur votre bureau au travail afin de pouvoir commencer votre journée de travail par une réflexion sur la gratitude.

S'il vous arrive de devenir négatif, relisez votre journal de gratitude pour vous donner un coup de pouce instantané.

YOU'RE
DOING
GREAT

La hiérarchie des besoins

Il est parfois difficile de trouver un motif de gratitude, principalement parce que les choses dont nous devrions être reconnaissants sont devenues si banales que nous n'y pensons plus. La hiérarchie des besoins est une méthode de définition et de classement des besoins humains élaborée par le psychologue américain Abraham Maslow dans les années 1940.

Maslow explique que tous les êtres humains ont des besoins qui relèvent de cinq catégories classées selon une hiérarchie. Ce n'est que lorsque nous avons satisfait les besoins d'une catégorie inférieure que nous commençons à envisager les besoins du niveau suivant. Les niveaux de besoins décrits par Maslow sont les suivants :

> **Niveau 1 Physiologique.** Ce niveau comprend nos besoins fondamentaux de nourriture et de boisson, d'air à respirer, d'abri contre les éléments et de sommeil.
>
> **Niveau 2 Sécurité.** La nécessité d'un environnement où nous serons à l'abri du danger, où nous aurons un emploi et un revenu réguliers, et où nous serons en bonne santé.
>
> **Niveau 3 Amour et appartenance.** Le besoin d'intimité, d'amitié, de famille et le sentiment d'appartenance à un groupe social ou culturel.
>
> **Niveau 4 Estime.** Cela comprend nos sentiments d'estime de soi et le niveau de respect et d'estime que nous percevons chez les autres.
>
> **Niveau 5 Auto-actualisation.** Le besoin de sentir que nous avons atteint tout ce que nos capacités nous permettent et que nous sommes capables de vivre selon nos valeurs.

Si vous avez du mal à trouver une raison d'être reconnaissant, commencez au niveau 1. Avez-vous eu assez à manger aujourd'hui ? Étiez-vous dans un endroit qui vous protégeait du froid et de la pluie ? Avez-vous des vêtements qui vous tiennent chaud ? Si vous regardez dans la hiérarchie, vous trouverez certainement des choses dont vous pouvez être reconnaissant. Pensez à ces choses et à ce qu'elles vous font ressentir. Pensez à ce que vous ressentiriez si vous n'étiez pas en mesure de satisfaire ces besoins.

Tout le monde a quelque chose dont il peut être reconnaissant !

Être GLAD

Si vous souhaitez renforcer encore le pouvoir de la gratitude, vous pouvez utiliser une technique connue sous le nom de GLAD. Cette stratégie vous aide à vous concentrer sur les aspects positifs de votre vie et, si vous le souhaitez, vous pouvez faire de votre journal de gratitude un journal GLAD. GLAD (heureux en anglais) est un acronyme qui signifie :

La gratitude (Gratitude). Comme nous l'avons déjà dit, trouvez chaque jour un motif de gratitude.

Apprendre (Learning). Chaque jour, essayez d'identifier quelque chose de nouveau que vous avez appris. Il peut s'agir d'un apprentissage formel ou simplement de quelque chose que votre expérience de la journée vous a montré. Par exemple, vous avez peut-être appris la signification d'un nouveau mot ou vous avez peut-être appris que le fait de refuser une deuxième tasse de café avant le petit-déjeuner vous permet de mieux vous concentrer. Soyez créatif ! Chaque jour apporte son lot d'apprentissages, mais souvent nous ne le remarquons pas.

Accomplissement (Accomplishment). La plupart des gens ont tendance à penser aux réalisations en termes de changements majeurs dans leur vie, comme l'obtention d'un nouvel emploi ou la réussite d'un examen. Mais chaque jour, il y a des réalisations que vous pouvez célébrer. Êtes-vous arrivé à l'heure au travail ? Payé une facture ? Vous souvenez-vous de l'anniversaire d'un ami ?

Le plaisir (Delight). Avez-vous ressenti quelque chose de joyeux aujourd'hui, ou avez-vous vécu quelque chose de plaisant pour vos sens ? Le lever du soleil était-il magnifique ? Le crissement de la neige sous vos bottes vous a-t-il fait sourire ? Votre déjeuner était-il particulièrement savoureux ? Avez-vous vu un dessin animé ou entendu une blague qui vous a fait rire ? Essayez de trouver quelque chose qui a amélioré votre humeur au cours de la journée.

Méditation de la gratitude

En général, la méditation ne concerne rien de particulier. Il s'agit d'évacuer les pensées excessives de votre esprit et d'être dans le moment présent. Cependant, vous pouvez également pratiquer la méditation en réfléchissant aux choses pour lesquelles vous êtes reconnaissant. Des études ont montré que le fait de pratiquer la méditation de la gratitude trois fois par semaine pendant seulement trois semaines peut entraîner une amélioration substantielle du bien-être[21].

Vous pouvez créer votre propre méditation de gratitude. Elle peut porter sur n'importe quel sujet, de la bonne santé à l'abondance des aliments disponibles dans les magasins, en passant par l'appréciation des merveilles de la nature ou le soutien des amis. Choisissez une chose pour laquelle vous vous sentez personnellement reconnaissant et passez cinq à dix minutes à y réfléchir.

Vous pouvez également utiliser une méditation guidée de gratitude. Elles sont disponibles gratuitement en ligne. Elles consistent à écouter la voix d'un professeur qui vous guide vers des pensées de gratitude. Beaucoup de ces méditations guidées comprennent également une musique apaisante qui peut être un moyen simple et efficace de méditer. Saisissez simplement "*méditation de gratitude*" dans n'importe quel moteur de recherche et de nombreuses options vous seront proposées.

---

21 Karen O'Leary, Samantha Dockray, *The effects of two novel gratitude and mindfulness interventions on well-being*, Journal of alternative and complimentary medicine, 2015.

Chapitre 7 : Vous n'êtes pas seuls

Examiner vos relations

La plupart d'entre nous sont impliqués dans un réseau complexe de relations comprenant famille, amis, collègues et partenaires. Notre état d'esprit a un impact sur nos relations, et il ne fait aucun doute que la pensée positive peut faire de vous un meilleur partenaire, un ami plus solidaire et un collègue plus efficace. Cependant, ces relations ont également un effet direct sur votre bien-être et surtout sur votre capacité à penser positivement. Les relations se développent lentement au fil du temps et souvent, nous nous habituons tellement à ces associations que nous ne comprenons plus comment elles nous affectent. Il est temps d'évaluer vos relations et de voir si elles ont un impact positif ou négatif sur votre vie.

Un certain nombre de tentatives ont été faites pour trouver des moyens de mesurer les relations. Certaines d'entre elles utilisent des méthodes analytiques complexes pour évaluer l'impact d'une relation particulière sur vous. Si vous souhaitez en savoir plus sur cette approche, plusieurs ouvrages utiles sont disponibles [22]. Cependant, il existe un moyen plus simple d'évaluer l'effet d'une relation sur vous. Imaginez passer du temps avec une personne en particulier. Pensez aux émotions que cela génère en vous.

Nous connaissons tous des personnes qui sont implacablement négatives. Des personnes qui semblent prendre plaisir à se plaindre de leur sort dans la vie, mais qui ne semblent jamais faire quoi que ce soit pour le changer. Ces personnes n'ont pas seulement accepté le parti pris de la négativité, elles semblent l'embrasser. Comment se sent-on lorsqu'on passe du temps avec une telle personne ? En général, une personne négative vous fera vous sentir négatif aussi. Elle a également tendance à être égocentrique et égoïste. Elle veut que vous écoutiez sa négativité, mais elle ne s'intéresse pas à ce que vous ressentez ou à ce que vous avez à dire.

---

22 David Easley, Jon Kleinberg, Networks, *Crowds, and Markets : Reasoning about a Highly Connected World*, Cambridge University Press, 2010.

Vous connaissez quelqu'un comme ça ?

Maintenant, imaginez passer du temps avec quelqu'un qui est positif. Cette personne a toujours plein de projets, elle peut vous faire rire, et vous la quittez en vous sentant plein d'énergie et encore plus positif. Vous remarquerez également que ces optimistes semblent être plus disposés à vous écouter. Ils s'intéressent réellement à ce que vous ressentez. Ils peuvent vous donner des conseils si vous les demandez et vous soutenir et vous encourager si vous en avez besoin. De ces deux types de personnes, avec laquelle préférez-vous passer du temps ? Pour pratiquement tout le monde, la réponse est qu'il vaut mieux passer du temps avec une personne positive qu'avec une personne négative. La négativité tue les relations. La positivité construit de meilleures relations.

Bien sûr, la plupart des gens ne peuvent pas être facilement catégorisés comme étant entièrement positifs ou négatifs. Nous possédons tous les deux caractéristiques dans des circonstances différentes. Mais en général, la plupart des gens tendent vers la positivité ou la négativité. Pensez à vos relations et essayez de voir si chacune est généralement positive ou négative.

Comment les relations vous affectent

Un certain nombre d'études montrent que les relations ont un effet profond sur notre bien-être mental et physique. L'isolement social (le fait d'avoir peu de relations significatives) est mauvais pour la santé. Les personnes isolées socialement ont tendance à mourir plus jeunes[23] et à moins résister aux maladies[24]. Cependant, les relations toxiques ont également un impact notable sur la santé. Les mariages marqués par la discorde et les conflits peuvent entraîner une hypertension artérielle et un risque accru de crise cardiaque et de dépression[25]. Les relations négatives sont associées à des comportements de vie négatifs et à un risque accru de maladie et de décès[26].

Une étude de 2011[27] est allée encore plus loin. Elle a conclu que :

- "Les liens sociaux influent sur la santé mentale, la santé physique, les comportements de santé et le risque de mortalité.
- Les liens sociaux peuvent avoir des effets bénéfiques sur la santé au-delà des individus ciblés en influençant la santé des autres via les réseaux sociaux.

---

23 Berkman Lisa F, Syme Leonard, *Social Networks, Host Resistance, and Mortality : A Nine-Year Follow-up Study of Alameda County Residents*. American Journal of Epidemiology. 1979

24 House James S, Landis Karl, Umberson Debra, Social Relationships and Health, Science, 1988

25 Kiecolt-Glaser Janice K, McGuire Lynanne, Robles Theodore F, Glaser Ronald, Emotions, Morbidity, and Mortality: New Perspectives from Psychoneuroimmunology. Annual Review of Psychology. 2002.

26 Umberson Debra, Crosnoe Robert, Reczek Corinne, Social Relationships and Health Behaviors across the Life Course. Annual Review of Sociology. 2010.

27 Debra Umberson, Jennifer Karas Montez, Social Relationships and Health : A Flashpoint for Health Policy,

Journal of Health and Social Behavior, 2010.

- Les liens sociaux ont des effets immédiats (santé mentale, comportements de santé) et des effets cumulatifs à long terme sur la santé (par exemple, santé physique, mortalité)."

En d'autres termes, les relations positives ne font pas que vous rendre plus chaleureux et plus heureux. Elles affectent les personnes qui vous entourent de la même manière. Si vous vous trouvez impliqué dans une relation négative, vous n'avez que deux options. Vous pouvez mettre fin à la relation ou essayer de la changer pour qu'elle devienne plus positive. Mais comment changer une relation ?

Fixer des limites

L'un des moyens les plus efficaces de changer une relation est de fixer des limites claires qui protègent votre espace émotionnel. Ces limites sont étroitement liées à vos valeurs. Lorsque les gens parlent ou agissent d'une manière qui enfreint ces valeurs, vous vous sentez mal à l'aise et négatif. L'objectif de la fixation de limites est de faire savoir aux autres quelles sont vos valeurs et de vous permettre de les faire respecter.

Par exemple, supposons que l'une de vos valeurs fondamentales soit l'amitié. Cependant, vous avez un ami qui est régulièrement désagréable avec les autres amis, que ce soit par ses actions ou ses paroles. Il dit régulièrement des choses désagréables sur vos autres amis et cela vous fait sentir mal. Vous devez affirmer vos limites, en disant à cette personne combien l'amitié est importante pour vous et que vous ne voulez pas entendre de ragots désagréables sur d'autres amis. Chaque fois qu'elle parle de cette manière, vous devez faire la même affirmation. Précisez bien que vous ne lui dites pas qu'elle ne doit pas se livrer à des commérages malveillants, mais seulement que vous n'êtes pas prêt à les écouter.

Il y a deux issues possibles. Soit cette personne finit par accepter qu'elle ne peut pas parler ainsi devant vous, soit elle ne veut plus passer de temps avec vous. L'un ou l'autre est bénéfique. Si la personne modifie son comportement, vous ne serez plus complice d'une situation qui ne correspond pas à vos valeurs. Si la personne décide de mettre fin à son amitié avec vous parce qu'elle ne veut pas ou ne peut pas changer son comportement, alors c'était une relation dont vous pouvez vous passer.

Si vous vous sentez mal à l'aise ou négatif lorsque vous passez du temps avec quelqu'un, c'est presque certainement parce que vous n'agissez pas en accord avec vos valeurs. Il n'est pas facile de fixer des limites, mais c'est le seul moyen de s'assurer que vous pouvez agir en accord avec vos valeurs, et c'est un élément essentiel de la pensée positive.

Apprendre à écouter

La plupart d'entre nous peuvent entendre, mais peu d'entre nous prennent le temps de vraiment écouter. Nous avons déjà parlé de la conversation attentive, mais le simple fait d'écouter est un élément clé d'une communication réussie. Si vous voulez que les gens écoutent ce que vous dites, vous devez aussi apprendre à les écouter. L'écoute est une compétence qui comprend trois éléments :

> **L'attention.** Avez-vous déjà parlé à quelqu'un qui, de toute évidence, n'est pas attentif ? Peut-être vérifie-t-elle son téléphone pendant que vous parlez, se concentre sur d'autres personnes ou laisse-t-elle simplement son attention vagabonder. C'est exaspérant, n'est-ce pas ? Assurez-vous de ne pas faire cela pendant que quelqu'un parle. Accordez-lui toute votre attention, maintenez un contact visuel et faites-lui savoir que ce qu'il dit compte pour vous.

> **Suivre.** Voici une autre caractéristique exaspérante des mauvais auditeurs. Ils vous laissent parler mais, au lieu de vous soutenir ou même de reconnaître ce que vous avez dit, ils détournent immédiatement la conversation vers leur propre programme. Ils suivent ce que vous avez dit avec une litanie de leurs propres problèmes, qui sont toujours (dans leur perception) pires et plus intenses que les vôtres. Ne commettez pas cette erreur en tant qu'auditeur. Essayez de comprendre les émotions qui se cachent derrière les propos de votre interlocuteur et posez-lui des questions délicates pour l'amener à vous en dire plus.

> **Réfléchir.** Les personnes qui ne savent pas écouter comprendront rarement ce que vous essayez de dire. Pour confirmer que vous avez compris, utilisez des déclarations telles que "Je pense que ce que vous dites est...".

Toutes les relations consistent à établir un lien avec une autre personne. Apprendre à écouter efficacement est un élément clé pour établir ce lien.

Apprendre à parler

La plupart des gens sont capables de parler, mais beaucoup ont beaucoup de mal à dire ce qu'ils veulent et ce dont ils ont besoin, notamment en termes d'émotions. Apprendre à dire ce que l'on veut, c'est ce que l'on appelle l'affirmation de soi, et c'est une compétence clé pour quiconque veut devenir un penseur positif.

L'affirmation de soi n'est pas synonyme d'agressivité ou d'arrogance. L'affirmation de soi consiste à apprendre à exprimer ses besoins tout en respectant les besoins et les opinions des autres. Il s'agit d'un sujet complexe, mais en bref, l'affirmation de soi signifie apprendre à fixer des limites, à dire "*non*" lorsque cela est approprié et à donner des messages d'affirmation efficaces qui décrivent vos besoins.

Les messages d'affirmation sont appropriés dans toute situation où vous souhaitez exprimer clairement vos propres besoins. Réfléchissez à l'exemple de la section "*Fixer des limites*" où vous voulez dire à un ami d'arrêter de parler malicieusement d'autres amis devant vous. Dans ce cas (et dans la plupart des cas où vous voulez vous affirmer), l'utilisation d'un message d'affirmation de soi en trois parties fonctionne bien. Un tel message prendrait cette forme :

> **Décrivez le problème.** Dans le cas de l'exemple, cela peut prendre la forme de : "*Tu es souvent impoli envers les personnes qui sont mes amis.*"
>
> **Décrivez ce que vous ressentez.** Dans le cas de l'exemple, cela peut prendre la forme de : "*Cela me met mal à l'aise.*"
>
> **Décrivez comment le comportement de l'autre personne vous affecte.** Dans le cas de l'exemple, cela pourrait prendre la forme suivante : "*Quand tu dis ces choses, j'ai l'impression de devoir choisir entre soutenir mes autres amis et être d'accord avec toi.*"

Vous remarquerez que le message se contente d'exposer vos sentiments et vos réactions, mais qu'il ne propose pas de solution. En effet, les solutions les plus efficaces sont créées conjointement. Lorsque vous donnez pour la première fois un message d'affirmation, l'autre personne peut se mettre sur la défensive, voire en colère. Laissez passer cela. Si nécessaire, répétez le message. Attendez que l'autre personne surmonte sa réaction émotionnelle initiale et commence à examiner ce que vous dites de manière rationnelle. Elle devrait alors proposer des solutions. Si elle ne le fait pas ou ne veut pas le faire, vous devrez peut-être vous demander si vous voulez encore passer du temps avec cette personne.

Si vous souhaitez en savoir plus sur la façon d'apprendre à écouter, à dire "non" et à affirmer vos propres émotions et besoins, veuillez consulter notre livre sur L'Assertivité au Quotidien.

Chapitre 8 : Votre plan de pensée positive

Il est temps de tout rassembler et d'élaborer votre propre plan personnel de pensée positive. Maintenant que vous comprenez l'importance de la pensée positive et la différence considérable qu'elle peut faire dans votre vie, vous voulez probablement commencer dès que possible. C'est tout à fait compréhensible. Bien sûr, vous voulez profiter dès maintenant des avantages de la pensée positive.

Mais il est important de ne pas précipiter les choses et de ne pas essayer d'en faire trop à la fois. Changer votre état d'esprit pour devenir un penseur positif n'est pas quelque chose qui se fait du jour au lendemain. Il s'agit de créer de nouvelles habitudes positives pour remplacer les habitudes négatives qui peuvent vous affecter actuellement. Vous entamez un processus de changement. Planifiez soigneusement, acceptez que cela prenne du temps et ne soyez pas tenté de faire plusieurs choses à la fois. Prendre une chose à la fois sera toujours la façon la plus efficace de procéder.

Objectifs et valeurs

Au chapitre 4, nous avons discuté de l'importance des valeurs et des objectifs. Leur importance mérite d'être réaffirmée ici. Ces objectifs et ces valeurs vous guideront dans tout ce que vous ferez. Ils deviendront la feuille de route qui vous guidera dans votre cheminement vers la pensée positive.

Revoyez la liste des valeurs que vous avez créée au chapitre 4. Correspondent-elles vraiment aux choses qui comptent profondément pour vous ? Y manque-t-il quelque chose ? Cette liste n'est pas statique car elle peut évoluer avec le temps. Revoyez-la régulièrement pour vous assurer qu'elle couvre tout ce qui est important pour vous.

Au moins une fois par jour, passez en revue ce que vous avez fait au cours des 24 heures précédentes. Vos actions étaient-elles en accord avec vos valeurs ? Si non, que pouvez-vous changer pour que cela se produise ? Ne soyez pas en colère contre vous-même si vous agissez parfois d'une manière qui ne correspond pas à vos valeurs. Réfléchissez plutôt à ce qui s'est passé, apprenez et utilisez ces connaissances pour agir différemment la prochaine fois. Lorsque vous agissez en accord avec vos valeurs, en particulier dans des situations difficiles, célébrez votre réussite en vous accordant une récompense : prenez du temps supplémentaire pour un passe-temps ou pour vous détendre, regardez votre émission préférée ou préparez-vous un repas spécial.

Maintenant, revoyez vos objectifs. Vous devriez avoir au moins quatre objectifs : Un que vous comptez atteindre dans le mois qui vient, un dans les six mois, un dans l'année et un dans les cinq ans. N'hésitez pas à en avoir plus, mais pas au point d'avoir du mal à vous en souvenir. L'idéal est d'avoir entre quatre et huit objectifs.

Est-ce que chacun de vos objectifs sont:

- Positifs ?
- SMART (Spécifique, Mesurable, Atteignable, Réaliste, Temporel) ?

Pour certains de vos objectifs, en particulier ceux qui sont à long terme, vous aurez besoin d'un plan. Par exemple, si l'un de vos objectifs est d'obtenir une promotion au travail dans les 12 mois, existe-t-il des étapes intermédiaires telles que la formation ou l'expérience qui vous aideront à atteindre cet objectif ? Ces étapes deviendront des sous-objectifs et elles doivent également être SMART.

Établissez un plan indiquant comment vous comptez atteindre chaque objectif. Prenez votre temps et donnez tous les détails nécessaires. Au moins une fois par semaine, examinez les progrès que vous avez accomplis vers vos objectifs au cours des sept jours précédents. Ne vous mettez pas en colère ou ne vous sentez pas frustré si vous n'atteignez pas les objectifs que vous vous êtes fixés. L'échec n'est un problème que si vous n'en tirez aucune leçon. Réfléchissez aux raisons pour lesquelles vous n'avez pas réussi à faire les progrès que vous souhaitiez. Y a-t-il quelque chose que vous auriez pu faire différemment ? Avez-vous consacré suffisamment de temps et d'efforts à la réalisation de votre objectif ? Le niveau de progrès que vous aviez prévu était-il simplement trop optimiste ? Lorsque vous faites les progrès que vous espériez, célébrez cet accomplissement.

Pensée positive quotidienne

Outre le fait de réfléchir à vos valeurs et d'évaluer les progrès accomplis dans la réalisation de vos objectifs, il existe d'autres choses que vous pouvez faire chaque jour pour stimuler la pensée positive.

La gratitude. La gratitude est l'antidote le plus puissant contre la négativité. Au moins une fois par jour, prenez le temps de penser à quelque chose pour lequel vous éprouvez de la gratitude.

La méditation. Une méditation régulière permet d'éviter les pensées excessives et l'esprit de singe. Essayez de programmer une méditation, ne serait-ce que cinq minutes, tous les jours. N'oubliez pas que vous pouvez utiliser la méditation guidée pour vous concentrer sur un sujet particulier, comme la positivité ou la gratitude.

Affirmations. Répétez vos affirmations à vous-même plusieurs fois par jour. Vous pouvez même programmer des rappels sur votre ordinateur pour être sûr de ne pas oublier.

Prendre soin de soi. Prévoyez chaque jour du temps pour la relaxation et l'autocompassion.

Le régime alimentaire. Un régime méditerranéen ne vous garantira pas une pensée positive, mais il vous évitera certainement les sensations négatives et léthargiques liées à la consommation d'aliments riches en graisses et en sucres. Veillez à ce que votre alimentation quotidienne comprenne autant d'options saines que possible.

L'exercice physique. L'exercice stimule la positivité. Essayez de consacrer chaque jour du temps à un exercice au moins modéré, comme la marche rapide, la natation, le passage de l'aspirateur, le lavage des vitres, le balayage ou la tonte de la pelouse. Essayez de faire au moins 150 minutes d'exercice modéré chaque semaine, mais si vous pouvez augmenter ce chiffre à 300 minutes, vous en tirerez de plus grands bénéfices. Si vous faites des exercices vigoureux comme le jogging, le vélo rapide, le tennis, le football ou la danse aérobique, vous devez viser un minimum de 75 minutes par semaine.

Mesurer les progrès

Chaque jour, essayez de prendre un moment pour réfléchir à la façon dont la pensée positive a façonné votre comportement. Pouvez-vous identifier une situation où la pensée positive vous a fait agir d'une manière qui vous fait vous sentir bien ? Il peut s'agir d'une petite chose, comme essayer un nouvel endroit pour déjeuner, donner un conseil positif à un ami ou à un collègue, ou regarder un film ou une émission de télévision qui vous a donné de l'énergie et un sentiment positif. Il peut également s'agir de quelque chose d'important, comme prendre une décision grâce à la pensée positive. Pouvez-vous comparer ce comportement avec celui que vous avez pu adopter dans le passé, freiné par la négativité et le manque de confiance ?

Essayez également de penser à la façon dont la pensée positive vous a permis de vous sentir différemment chaque jour. La méditation vous a-t-elle permis de mieux vous concentrer et d'éviter le stress ? L'amélioration de votre régime alimentaire et de votre programme d'exercices vous a t-elle permis de vous sentir plus fort et plus confiant ? Peut-être sentez-vous que vos affirmations fonctionnent et que les situations qui vous faisaient auparavant ressentir de la peur et de la négativité sont maintenant moins stressantes ?

Après avoir travaillé sur la pensée positive pendant au moins un mois, vous voudrez peut-être revenir en arrière et refaire l'exercice du chapitre 9, *Votre évaluation de la pensée positive*. Votre style émotionnel a-t-il changé ? Avez-vous été en mesure d'appliquer la pensée positive aux trois domaines de votre vie que vous avez identifiés dans cet exercice ? Êtes-vous maintenant prêt à commencer à l'utiliser dans d'autres domaines ?

Chaque jour, les habitudes de pensée positive font une différence dans votre vie. Soyez conscient de ces changements et célébrez-les pour maintenir votre motivation. Bientôt, la pensée positive deviendra quelque chose que vous faites automatiquement.

Se concentrer sur les éléments positifs et motivants

Chaque jour, vous êtes bombardé d'informations par des publicités et du matériel promotionnel. Vous regardez probablement aussi la télévision et des films, écoutez la radio et des podcasts, et lisez. Toutes ces informations sont traitées par votre cerveau, et elles influent directement sur votre humeur et votre niveau de positivité. Il est presque impossible d'éviter la publicité, mais vous pouvez être sélectif dans ce que vous choisissez de regarder, d'écouter et de lire.

Depuis que le cinéma et la télévision existent, les effets négatifs potentiels de ces médias, notamment l'incitation à l'agression et à la violence, le renforcement des stéréotypes sexuels et sociaux et l'augmentation de la perception d'un monde effrayant et dangereux, font l'objet de débats animés. Cependant, des études plus récentes suggèrent que les médias auxquels nous sommes exposés ont également la capacité d'avoir un impact positif sur nous.

Par exemple, en 2012, une étude menée par l'une des principales chercheuses dans le domaine de la recherche sur les médias, Mary Beth Oliver de l'Université d'État de Pennsylvanie[28] , a examiné les films qui mettaient en scène la "*vertu morale*", c'est-à-dire des attributs comme la gratitude, la générosité et la loyauté. Dans une étude, il a été demandé à un groupe de sujets d'identifier les films récents qui leur avaient procuré du plaisir ou de l'importance. Les films agréables étaient simplement ceux que les sujets aimaient regarder. Les films significatifs étaient ceux dont les sujets se souvenaient intensément après coup et qui les affectaient émotionnellement. Presque sans exception, les films identifiés comme significatifs comportaient un contenu altruiste tel que la lutte pour la justice sociale ou l'aide aux faibles.

Des recherches antérieures ont suggéré que le fait de regarder davantage la télévision et les films entraînait ce qu'on a appelé le "*syndrome du*

---

28 Oliver, Mary Beth ; Hartmann, Tilo ; Woolley, Julia K. , *Elevation in Response to Entertainment Portrayals of Moral Virtue*, Human Communication Research, 2012.

monde méchant", c'est-à-dire le sentiment que le monde est effrayant et dangereux. Cependant, ces recherches plus récentes suggèrent que certains types de médias peuvent également conduire au *"syndrome du monde gentil", une* vision beaucoup plus positive de notre environnement.

Les implications pour la pensée positive sont claires. Si vous choisissez soigneusement les médias auxquels vous êtes exposé (ce qui inclut ce que vous lisez et écoutez ainsi que ce que vous regardez), cette pratique peut avoir un effet significatif sur votre état d'esprit. Si vous choisissez systématiquement du matériel inspirant, cela vous donnera un coup de pouce à long terme. Consommer des médias n'est pas différent de manger de la nourriture. Si vous ne mangez sainement que de temps en temps, cela aura peu d'effet global sur votre santé. En revanche, si vous intégrez régulièrement une alimentation saine dans votre mode de vie, vous serez en meilleure santé. Si vous choisissez consciemment et régulièrement de regarder, d'écouter et de lire des documents édifiants, vous renforcerez votre capacité de pensée positive.

Chaque jour, réfléchissez aux médias que vous consommez. Soutiennent-ils votre désir de positivité en vous apportant inspiration et espoir ? Vous êtes peut-être fasciné par ces podcasts sombres sur les crimes réels, mais la vérité est qu'ils donnent un coup de fouet à votre vision du monde comme un endroit méchant. Changez plutôt pour d'autres supports qui vous aident à voir le monde comme un endroit gentil et solidaire.

Votre plan de pensée positive sur 30 jours

Vous avez probablement remarqué que cette section s'intitule "*votre plan de pensée positive sur 30 jours*". Cela peut sembler un peu décourageant. Pouvez-vous vraiment atteindre la pensée positive en seulement 30 jours ? Ce délai est-il suffisant pour changer votre état d'esprit négatif actuel ? La réponse est que ce plan de 30 jours n'est qu'un début. C'est un moyen structuré d'essayer toutes les techniques importantes de la pensée positive et de voir comment elles fonctionnent pour vous.

Ne vous inquiétez pas, vous n'êtes pas obligé de réaliser toutes ces étapes en 30 jours (bien que vous le pouvez !). Vous pouvez l'étaler sur la période qui vous convient. Mais essayez de ne pas l'étirer trop longtemps. Pour parvenir à une pensée positive, il faut établir de nouvelles habitudes. Les habitudes se forment mieux en faisant quelque chose de manière répétée jusqu'à ce que cela devienne subconscient. Faire quelque chose intensément pendant 30 jours est un bon moyen de commencer à établir de nouvelles habitudes. Toutefois, si vous souhaitez étirer ces étapes sur 90 jours, par exemple, cela devrait encore fonctionner. Si vous êtes tenté d'aller encore plus loin, vous devriez vous demander si vous êtes vraiment engagé dans la pensée positive. Si vous pensez qu'il vous faudra plus de trois mois pour franchir toutes ces étapes, vous devriez peut-être relire les parties de ce livre qui traitent des nombreux avantages de la pensée positive et les utiliser pour vous donner la motivation supplémentaire dont vous avez besoin.

Essayez de ne sauter aucune étape. Toutes sont des éléments importants pour renforcer votre positivité et votre confiance en vous.

Voici votre plan sur 30 jours :

> **Jour 1 :** Notez vos valeurs et vos objectifs personnels. Ces éléments sont importants, aussi ne commencez pas avant d'avoir pris le temps d'y réfléchir.

> **Jour 2 :** Prenez le temps de vous attribuer une note globale pour la fréquence à laquelle vous êtes affecté par les symptômes physiques de la pensée excessive. Pour l'insomnie, les maux de tête, les douleurs musculaires et articulaires et la fatigue,

attribuez une note de 1 à 10, 1 étant "*presque jamais*" et 10 étant "*très fréquemment*". Notez votre score total.

Jour 3 : Commencez à méditer. Cela peut être aussi peu que cinq minutes ou plus longtemps si vous pensez que cela apporte un bénéfice supplémentaire. Pour le reste des 30 jours, pratiquez la méditation une fois par jour ou, si vous ne trouvez vraiment pas le temps pour cela, au moins une fois tous les deux jours.

Jour 4 : Créez votre sage défenseur. Prenez le temps de visualiser intensément cette personne. Si vous vous sentez stressé ou en proie au doute pendant le reste de ce plan de 30 jours, visualisez une conversation avec votre sage défenseur.

Jour 5 : Créez votre liste d'affirmations. Essayez d'en avoir au moins quatre. Pendant le reste des 30 jours, répétez-les à vous-même au moins une fois par jour.

Jour 6 : Exercice physique. Si vous faites déjà de l'exercice régulièrement, vous pouvez poursuivre vos habitudes. Si ce n'est pas le cas, introduisez au moins 25 minutes d'exercice modéré (comme la natation ou la marche rapide) dans votre routine quotidienne. Maintenez cette activité tous les jours de ce programme de 30 jours.

Jour 7 : Régime alimentaire. Regardez ce que vous mangez et buvez en ce moment. S'agit-il d'aliments riches en graisses et en sucres ou de beaucoup de viande rouge ? Réfléchissez à la façon dont vous pouvez passer à quelque chose qui ressemble davantage à un régime méditerranéen. Vous continuerez à suivre ce régime pendant le reste du plan.

Jour 8 - Commencez un journal de gratitude. Aujourd'hui et pour chaque jour restant de ce plan, prenez le temps d'écrire au moins une chose pour laquelle vous ressentez de la gratitude. Essayez de trouver une chose différente chaque jour.

Jour 9 : Aujourd'hui, essayez quelque chose de nouveau. Prenez un itinéraire différent pour vous rendre au travail, allez déjeuner dans un endroit nouveau, visitez un musée ou une galerie que vous n'avez jamais visité auparavant. Pensez aux émotions que cette expérience vous a fait ressentir.

Jour 10 : C'est le moment idéal pour faire une pause et réfléchir. Vous avez déjà commencé à méditer, à utiliser des affirmations et à tenir un journal de gratitude. Vous avez créé votre sage défenseur, et vous avez intégré l'exercice physique et une alimentation saine dans votre routine quotidienne. Comment vous sentez-vous avec ces nouvelles techniques ? Avez-vous des difficultés avec l'une d'entre elles ? Si c'est le cas, vous voudrez peut-être revenir en arrière et relire la partie concernée de ce livre pour vérifier que vous faites ce que vous devez faire.

Jour 11 : Aujourd'hui, concentrez-vous sur vos émotions. Prenez conscience des émotions qui vous affectent tout au long de la journée et essayez de comprendre d'où elles viennent. À la fin de la journée, réfléchissez à ces émotions et essayez de voir comment elles ont influencé votre comportement.

Jour 12 : Aujourd'hui, essayez une méditation guidée de gratitude. Trouvez-en une en ligne.

Jour 13 - Ayez une conversation en pleine conscience. Identifiez une personne avec laquelle vous souhaitez établir un lien plus profond et utilisez vos capacités d'écoute pour lui faire savoir que vous comprenez vraiment ce qu'elle dit.

Jour 14 : Aujourd'hui, concentrez-vous sur les émotions des autres. Essayez d'identifier les sentiments qui affectent les personnes qui vous entourent et voyez si vous pouvez en déterminer l'origine. À la fin de la journée, réfléchissez à ce que vous avez observé et essayez d'identifier une personne dont les émotions ont influencé le comportement.

Jour 15 : Identifiez une situation dans laquelle vous êtes capable de donner un message d'assertivité qui fixe ou renforce vos limites personnelles.

Jour 16 : Créez un récit de renforcement des compétences sur votre rôle professionnel actuel.

Jour 17 : Identifiez une nouvelle chose sur laquelle vous voulez apprendre. Idéalement, il devrait s'agir d'un sujet que vous connaissez très peu. Il peut s'agir d'un pays que vous aimeriez visiter, d'un nouveau programme d'exercice physique qui vous intéresse, ou d'un auteur dont vous avez entendu parler mais que vous n'avez jamais lu. Quel que soit votre choix, commencez dès aujourd'hui à vous renseigner sur le sujet que vous avez choisi et prenez des notes sur ce que vous apprenez.

Jour 18 : Aujourd'hui, mélangez votre routine quotidienne. Faites un effort conscient pour faire les choses dans un ordre différent et à des moments variés.

Jour 19 : Il est temps d'affronter votre peur. Concentrez-vous sur une situation ou un événement qui vous fait appréhender. Cela peut être n'importe quoi : Un entretien d'embauche, un rendez-vous galant, une visite chez le dentiste, l'araignée sous le placard. Utilisez les techniques "*affronter sa peur*" et "*pré-mortem*" pour explorer cette peur en détail. Revenez-y aussi souvent que vous le souhaitez au cours de la journée. Regardez à nouveau votre peur à la fin de la journée. Est-elle moins forte maintenant qu'elle ne l'était ce matin ?

Jour 20 : Un autre bon moment pour la réflexion. Avez-vous l'impression de faire des progrès ? Certaines des choses que vous avez faites au cours des 20 derniers jours ont-elles fait une différence particulière dans votre positivité ? Avez-vous trouvé certaines de ces choses particulièrement difficiles ? Réfléchissez aux raisons et aux émotions que ces succès et ces défis vous ont fait ressentir.

Jour 21 : Regardez un film ou une émission de télévision exaltants, ou lisez un livre qui vous inspire. Essayez de choisir quelque chose que vous ne regarderiez ou ne liriez pas normalement. Choisissez quelque chose qui inclut la représentation de la "*vertu morale*". Qu'avez-vous ressenti ? Vous êtes-vous senti dynamisé et positif ? Peut-être voudrez-vous continuer à vous concentrer sur ressources édifiantes pour le reste de ce plan ?

Jour 22 : Aujourd'hui, l'heure est à l'autocompassion. Au cours des 20 derniers jours, vous avez appris à appliquer les techniques dont vous avez besoin pour devenir un penseur positif. Comment vous sentez-vous ? Qu'avez-vous appris ? Qu'avez-vous accompli ? Considérez tout particulièrement vos réalisations et félicitez-vous d'être arrivé jusqu'ici.

Jour 23 : pratiquez une méditation d'amour bienveillant.

Jour 24 : ayez une autre conversation consciente, mais cette fois avec une personne différente.

Jour 25 : Aujourd'hui, il s'agit de se détendre. Quoi que vous fassiez pour vous détendre, regarder la télévision, lire, écouter des podcasts, accordez-vous du temps supplémentaire pour le faire aujourd'hui. Vous avez mérité ce temps pour vous grâce à votre travail acharné au cours des 25 jours précédents.

Jour 26 : Créez un récit de renforcement des compétences sur vos relations personnelles actuelles.

Jour 27 : Revenez à vos valeurs et à vos objectifs. Avez-vous l'impression de progresser vers vos objectifs ? Avez-vous l'impression que vos actions sont maintenant plus en accord avec vos valeurs ?

Jour 28 : Concentrez-vous sur vos émotions tout au long de la journée. Voyez-vous une différence par rapport aux émotions que vous avez ressenties le onzième jour ? Ressentez-vous maintenant des émotions plus positives ?

Jour 29 : Répétez l'exercice du Jour 2. La fréquence des symptômes physiques de la surpensée a-t-elle changé ? Quelles techniques de pensée positive vous ont permis de réduire le plus possible vos pensées excessives ?

Jour 30 : Vous l'avez fait ! Félicitations ! Vous avez maintenant pratiqué toutes les techniques de la pensée positive. Mais votre voyage vers la pensée positive ne s'arrête pas après 30 jours.

Quelle est la prochaine étape ?

C'est tout, vous avez terminé le plan de 30 jours, vous pouvez donc maintenant mettre de côté ce livre et reprendre votre vie d'avant, n'est-ce pas ?

Non !

Pendant le plan de 30 jours, vous avez essayé les techniques de pensée positive et les avez intégrées dans votre vie quotidienne. Certaines ont maintenant commencé à devenir des habitudes. Beaucoup doivent encore être intégrées. Au lieu de vous arrêter, c'est le bon moment pour réfléchir à ce que vous avez appris et à la façon dont vous comptez continuer.

Quelles techniques ont le mieux fonctionné pour vous ? Lesquelles ont donné le coup de pouce le plus significatif à la positivité ? Ce sont les techniques et les changements de mode de vie que vous devez intégrer dans votre vie, pas seulement pendant 30 jours, mais à partir de maintenant. Devenir un penseur positif n'est pas quelque chose que vous faites juste pendant 30 jours. Il s'agit d'un changement fondamental dans votre façon de voir le monde et votre place dans celui-ci. Choisissez les éléments qui ont bien fonctionné et intégrez-les à votre vie quotidienne.

Quelles techniques n'ont pas fonctionné pour vous ? Peut-être n'avez-vous pas trouvé la méditation utile. Peut-être avez-vous trouvé que le fait de remplir le journal de gratitude vous a fait vous sentir ridicule. Chaque personne est différente et toutes les techniques ne fonctionnent pas pour tout le monde. Cependant, toutes les techniques présentées dans ce livre sont des éléments importants de la pensée positive. N'abandonnez pas tout de suite celles qui ne vous ont pas donné un coup de pouce immédiat. Au contraire, continuez à utiliser toutes les techniques pendant au moins trente jours supplémentaires. À la fin de cette période, revoyez votre situation. Si certaines techniques ne semblent pas fonctionner, vous pouvez envisager de les abandonner. Après 60 jours, beaucoup de ces choses seront devenues des habitudes et vous constaterez peut-être que vous voulez plutôt continuer.

Diagnostique

Que se passe-t-il si vous suivez les conseils de ce livre, adoptez tous les outils de la pensée positive et les intégrez dans votre routine quotidienne, mais que vous ne parvenez pas à vous débarrasser de ce sentiment de négativité ? Voici quelques conseils pour vous aider à retrouver le chemin de la positivité.

Quel est le problème ? Parfois, des changements majeurs dans la vie peuvent affecter votre capacité à rester positif. La rupture d'une relation, la perte de votre emploi, le déménagement dans une nouvelle maison, la maladie ou le décès d'un proche sont autant d'événements qui peuvent provoquer un biais négatif extrême dans votre esprit. C'est normal. Y a-t-il une situation dans votre vie qui vous empêche actuellement de penser positivement ? Pouvez-vous prendre des mesures pour réduire l'impact de cette situation ? Si ce n'est pas le cas, vous pouvez choisir des outils de pensée positive que vous trouvez utiles et les utiliser pour vous rendre plus positif. Mais vous devrez peut-être accepter que, tant que la situation stressante ne sera pas passée, il sera plus difficile de devenir pleinement positif.

Trop d'un coup, trop tôt ? Vous voyez les avantages de la pensée positive et vous êtes peut-être tenté de faire avancer les choses aussi vite que possible ? C'est compréhensible, mais c'est aussi contre-productif. Le multitâche n'est jamais aussi efficace que de travailler sur une seule chose à la fois. L'acquisition d'une pensée positive implique l'établissement de nouvelles habitudes, et il n'y a pas moyen de précipiter les choses. Une nouvelle habitude peut prendre jusqu'à 90 jours pour s'ancrer dans votre pensée. Prenez-vous ce fait en considération ?

Retour à l'essentiel. Vous avez peut-être manqué quelque chose d'important ? Relisez les chapitres 4 et 5. Avez-vous un état d'esprit positif ? Avez-vous clairement établi vos valeurs et vos objectifs ? Avez-vous une approche flexible pour les soutenir et avez-vous intégré la méditation dans votre routine quotidienne ? Avez-vous appris à gérer les pensées excessives ? Pratiquez-vous

des affirmations quotidiennes ? Faites-vous suffisamment
d'exercice et votre régime alimentaire contribue-t-il à stimuler la
pensée positive ?

Éliminez la négativité ! Si vous vous retrouvez dans un schéma de
pensées négatives, mettez-y fin immédiatement. Commencez par
identifier ces pensées comme étant négatives et inutiles. Essayez
d'utiliser la technique RAIN. Faites un effort conscient pour
penser à autre chose ou commencez une autre activité pour
distraire votre esprit. Essayez de faire un peu d'exercice pour
augmenter votre taux d'endorphine et votre positivité. Remettez
en question ces pensées négatives en en discutant avec votre
sage défenseur. Si vous vous surprenez à penser de façon
négative à une situation spécifique, ajoutez une nouvelle
affirmation qui accentue les aspects positifs de cette situation.

Chapitre 9 : Conseils et exercices sur la pensée positive

Votre évaluation de la pensée positive

En utilisant les informations du chapitre 1 et, si vous le souhaitez, un test de style émotionnel en ligne, évaluez votre style émotionnel.

Faites-le autant de fois que nécessaire, en répondant aux questions en fonction d'un aspect particulier de votre vie, par exemple, au travail, dans les relations, dans un contexte social, etc.

Vous devriez maintenant être capable de voir où un manque de pensée positive a le plus d'impact sur votre vie.

Maintenant, notez les trois domaines dans lesquels la pensée positive aura le plus d'impact. Ce sont les domaines dans lesquels vous devriez appliquer les techniques de pensée positive de ce livre. Après un mois, réévaluez la situation. Constatez-vous des améliorations ? Voyez-vous maintenant d'autres domaines dans lesquels vous pourriez appliquer ces techniques ? Essayez toujours d'avoir une liste à jour des trois domaines dans lesquels vous allez concentrer vos efforts pour appliquer la pensée positive et continuez à évaluer vos progrès.

Créer un récit de traumatisme

Cet exercice consiste à examiner un traumatisme qui a façonné votre vie et à en changer le récit pour en faire quelque chose sur lequel vous pouvez vous appuyer.

- Commencez par identifier un traumatisme qui a façonné votre vie et votre réponse émotionnelle et comportementale au stress. Il se peut que vous puissiez identifier plus d'un traumatisme. Si c'est le cas, créez un récit distinct pour chaque traumatisme. Notez vos réponses aux questions suivantes :
    - Décrivez le traumatisme. Ajoutez autant de détails que possible, en décrivant vos actions et celles des autres.
    - Décrivez vos émotions associées à ce traumatisme. Soyez particulièrement attentif à tout sentiment de honte, de culpabilité, d'impuissance ou de peur.
    - Pouvez-vous identifier des cas où les émotions générées par ce traumatisme continuent d'affecter votre comportement aujourd'hui ?
    - Rédigez un nouveau récit du traumatisme. Soyez objectif et essayez d'écrire comme si vous étiez une autre personne regardant la situation. En particulier, attachez-vous à décrire comment vous n'étiez pas responsable des événements qui ont provoqué le traumatisme.

Passer en revue un traumatisme passé peut être douloureux. Cependant, c'est un moyen précieux d'atténuer l'effet de ce traumatisme. Soyez honnête et prenez le temps d'écrire sur toute situation passée qui continue à vous affecter.

Une méditation sur l'amour bienveillant

La méditation d'amour et de bienveillance (MAB) est une technique d'autogestion largement reconnue et utile, dont il a été prouvé qu'elle réduisait le stress et augmentait la capacité à se connecter aux autres.

Pour pratiquer la méditation de l'amour bienveillant :

- Trouvez un moment et un endroit où vous ne serez pas interrompu ou distrait. Trouvez une position confortable, fermez les yeux, détendez vos muscles et concentrez-vous sur votre respiration.
- Imaginez ce que serait un bien-être physique et émotionnel absolu et une paix intérieure. Concentrez-vous sur cette sensation. Chaque fois que vous expirez, imaginez que vous expulsez la tension et le stress. Chaque fois que vous inspirez, imaginez que vous inspirez des sentiments de tranquillité et d'amour.
- Répétez une ou plusieurs affirmations positives à vous-même. Celles-ci doivent concerner spécifiquement votre bien-être, par exemple :
    - Je suis satisfait, en bonne santé et fort.
    - Aujourd'hui, je vais donner et recevoir de l'amour et du respect.
    - Chaque jour, j'apprends et je grandis.
    - J'ai le contrôle de ma vie.
- Maintenez vos sentiments de bienveillance envers vous-même pendant quelques minutes. Si vous trouvez que votre attention dérive, redirigez-la vers l'auto-compassion.
- Maintenant, dirigez votre attention vers les personnes importantes de votre vie : votre famille, votre partenaire, vos enfants et vos amis. Ressentez votre amour pour chacun d'eux à tour de rôle et considérez votre gratitude à leur égard.
- Lorsque vous sentez que votre méditation est terminée, ouvrez les yeux.

Lorsque vous commencez la méditation de l'amour bienveillant, vous pouvez vous concentrer uniquement sur vous-même. Lorsque vous vous sentirez à l'aise avec cette technique, vous pourrez l'étendre à d'autres personnes dans votre vie. Vous pouvez même inclure les personnes avec lesquelles vous êtes en conflit. Cela peut vous aider à développer des sentiments de compassion et de pardon.

La technique précise que vous utilisez pour cette méditation n'a pas d'importance, tant qu'elle favorise les sentiments de bonté envers vous-même et les autres.

Célébrer vos réalisations

Le biais de la négativité peut rendre difficile la reconnaissance de tout ce que vous avez accompli. Au contraire, nous nous concentrons souvent sur nos échecs. Prenez le temps de dresser trois listes avec les réalisations suivantes :

> **Réalisations passées.** Remontez aussi loin que vous le souhaitez. Y a-t-il quelque chose que vous avez accompli à l'école et dont vous êtes particulièrement fier ? Vos résultats d'examen à l'université étaient-ils de nature à vous rendre fier ? Avez-vous construit une fantastique cabane dans un arbre pour vos enfants lorsqu'ils étaient jeunes ? Avez-vous aidé un ami ou un collègue à traverser une période difficile ? Il est facile d'oublier toutes les choses positives que nous avons faites, mais il est important de les célébrer. Entrez dans les détails autant que vous le souhaitez et essayez d'énumérer au moins 10 choses ici.

> **Réalisations actuelles**. Pensez à votre vie professionnelle et personnelle récente. Pensez à ce que vous avez accompli dans votre vie professionnelle. Il ne doit pas nécessairement s'agir d'un succès professionnel considérable. Arriver au travail à l'heure tous les jours, même si vous êtes fatigué, et être un collègue fiable et solidaire sont également des réalisations qui méritent d'être notées. Dans votre vie personnelle, pouvez-vous penser à des moments où vous avez été un ami compréhensif ou un partenaire, un parent aimant ?

> **Réalisations futures.** Réfléchissez à ce que vous voulez réaliser à l'avenir. Il peut être utile de passer en revue vos réalisations passées et actuelles. Lesquelles vous rendent le plus fier et le plus positif ? Peut-être s'agit-il du genre de réalisations que vous voulez répéter à l'avenir.

Écrivez une lettre à votre jeune moi

Écrivez une lettre à vous-même lorsque vous étiez enfant. Il doit s'agir d'une lettre qui aurait donné du pouvoir et de l'énergie à votre jeune personne. Ne planifiez pas trop. Écrivez simplement et voyez ce qui en sort. Vous pouvez méditer pour faire le vide dans votre esprit avant de commencer cet exercice.

En particulier, répondez à ces questions :

- Quelles sont les qualités positives que vous voudriez mettre en avant dans votre enfance ?
- Quelle gratitude souhaitez-vous partager ?
- Quelles réalisations souhaitez-vous partager ?
- Quelles sont les peurs que vous voulez neutraliser ?
- Pouvez-vous penser à une chose que vous pourriez écrire et qui rendrait immédiatement votre jeune moi plus positif ?

Des raisons d'être reconnaissant

Prenez le temps de réfléchir et d'écrire ce dont vous avez été reconnaissant aujourd'hui. Ne vous contentez pas d'écrire la première chose qui vous vient à l'esprit. Pensez-y vraiment et considérez les émotions positives que cet événement vous a fait ressentir. Plus vous serez descriptif, plus cette approche sera efficace.

Maintenant, essayez d'identifier quatre autres choses dans votre vie qui vous font ressentir de la gratitude. Encore une fois, soyez descriptif et notez les émotions qu'elles provoquent.

Mouvement conscient

La pleine conscience n'est pas seulement quelque chose que l'on peut expérimenter par la méditation. De nombreux événements quotidiens peuvent être vécus en pleine conscience si vous les abordez de la bonne manière. L'essence de la pleine conscience consiste à être entièrement présent dans le moment présent et à s'immerger totalement dans les informations fournies par vos sens. Voici quelques exemples d'application de la pleine conscience aux événements quotidiens :

La marche consciente. Cette méthode consiste à être conscient de chaque pas que vous faites et de chaque respiration. Soyez également conscient du monde qui vous entoure : La vue du soleil à travers les arbres, le bruit du vent sur les feuilles, l'odeur de l'herbe fraîchement coupée, la sensation des feuilles qui crissent sous vos pieds. Laissez vos écouteurs et votre musique derrière vous et ne vous précipitez pas. Marchez régulièrement et calmement, en vous immergeant totalement dans l'expérience. Vous pouvez pratiquer la marche consciente n'importe où et à tout moment, même lorsque vous vous rendez d'une réunion à l'autre, et c'est un excellent moyen de calmer un esprit singulier.

La danse consciente. Prenez conscience de la sensation des différentes parties de votre corps. Prenez conscience des images et des sons qui vous entourent. Notez comment la musique provoque des émotions en vous. Perdez vous complètement dans cette expérience.

Cuisinez et mangez en pleine conscience. Lorsque vous préparez à manger, soyez attentif à la sensation, à l'apparence et à l'odeur de chaque ingrédient. Lorsque vous êtes prêt à manger, notez la couleur, la texture et l'odeur des aliments. Savourez chaque bouchée, en appréciant tous les goûts et toutes les textures. Concentrez-vous entièrement sur l'acte de manger, sans distraction.

Des corvées en pleine conscience. Même une tâche aussi banale que la vaisselle peut devenir une activité consciente. Concentrez-vous sur ce que vous faites, et non sur ce que vous ferez après. Appréciez la sensation de l'eau chaude sur vos mains et le fait de savoir que vous rendez cette vaisselle sale propre. De nombreuses tâches ménagères sont incroyablement vivifiantes, mais nous les accomplissons à toute vitesse, en pensant à tout sauf à ce que nous faisons maintenant. Cela rend ces corvées ennuyeuses et inintéressantes. Il n'est pas nécessaire qu'il en soit ainsi. Comme le dit le maître zen et vénéré professeur de pleine conscience Thich Nat Hanh :

> *"Je sais que si je me dépêche pour manger le dessert plus tôt, le temps de la vaisselle sera désagréable et ne vaudra pas la peine d'être vécu. Ce serait dommage, car chaque minute, chaque seconde de vie est un miracle. [29]"*

Peu importe ce que vous faites, chaque moment de votre vie a une signification. Soyez pleinement présent dans tout ce que vous faites et vous pourrez trouver la pleine conscience partout.

---

29 Thich Nhat Hanh, The Miracle of Mindfulness: An Introduction to the Practice of Meditation, Beacon Press, 1999.

Gérer l'insomnie

Les effets de l'insomnie chronique peuvent être paralysants, et il est très difficile d'être positif si vous êtes fatigué, irrité et incapable de vous concentrer. Si vous souffrez d'une insomnie aiguë et troublante, vous devrez peut-être consulter un professionnel de la santé. Il existe également de nombreux livres et articles sur l'insomnie et la façon de la traiter, mais voici quelques conseils qui pourront vous être utiles :

Gardez votre lit séparé du reste de votre vie. Votre lit est un endroit que vous devez associer au sommeil et à l'intimité et rien d'autre. Si l'espace le permet, ne passez pas de temps assis sur votre lit pendant la journée. Ne prenez pas d'appels téléphoniques sur votre lit et ne regardez pas la télévision. Si vous faites ces choses, votre cerveau en vient à associer le lit aux activités de la vie quotidienne plutôt qu'au sommeil.

Éloignez-vous des écrans avant et après le coucher. Les écrans des téléviseurs, des ordinateurs, des téléphones et de certains autres appareils électroniques émettent de la lumière bleue. Notre cerveau l'interprète comme la lumière du jour et inhibe la production de mélatonine dans notre corps, une substance chimique associée au sommeil. La plupart des lecteurs de livres électroniques, tels que les Kindles, n'émettent pas de lumière bleue.

Établissez une routine pour aller au lit. Essayez d'aller vous coucher à la même heure tous les soirs. Ne regardez pas la télévision et n'utilisez pas d'appareils électroniques pendant au moins une heure avant d'aller vous coucher. Prenez une collation légère et une boisson sans caféine. Certains aliments comme le raisin, les fraises, les noix, les cerises et l'avoine contiennent de la mélatonine et peuvent vous aider à dormir. Prenez un bain chaud, qui peut également stimuler la production de mélatonine. Remplissez votre journal de gratitude et méditez. Faites les mêmes choses dans le même ordre chaque soir pour créer une routine qui indique à votre cerveau qu'il sera bientôt temps de dormir.

Écoutez de la musique ou lisez au lit. Choisissez une musique apaisante et relaxante. De même, ne choisissez pas de lire quelque chose de trop captivant, effrayant ou excitant avant de vous installer pour dormir. Lisez plutôt quelque chose de réconfortant ou un vieux livre préféré.

Évitez l'alcool. Les boissons alcoolisées peuvent vous rendre somnolent, c'est pourquoi certaines personnes prennent un dernier verre pour les aider à s'endormir. Cependant, l'alcool peut affecter votre cerveau de plusieurs façons, ce qui peut réduire la qualité de votre sommeil.

Voir la lumière. S'exposer à la lumière du jour en début de journée peut contribuer à normaliser votre rythme circadien, l'horloge interne de votre corps qui régule le moment où vous devez dormir et celui où vous devez être éveillé. S'il n'est pas possible de s'exposer à la lumière naturelle tôt dans la journée, vous pouvez envisager d'utiliser une boîte de luminothérapie.

L'exercice physique. En plus de tous les autres avantages qu'il apporte, l'utilisation de l'énergie et les changements de température corporelle que l'exercice provoque peuvent contribuer à un bon sommeil. Toutefois, évitez de faire de l'exercice intense au moins deux heures avant d'aller vous coucher, car cela peut rendre le sommeil plus difficile.

Sharpie
YOU
GOT
THIS

Chapitre 10 : Conclusion

Ce livre fournit tout ce que vous devez savoir pour devenir un penseur positif. Il explique également tous les avantages de la pensée positive et comment transformer les techniques de pensée positive en habitudes de vie. Il n'y a rien de mystique ici et rien de basé sur la foi. Les conseils donnés dans ce livre sont tirés des connaissances psychologiques et médicales actuelles dont l'efficacité a été prouvée. Ils ne garantissent pas que vous serez toujours heureux ou que vous deviendrez riche ou célèbre. Mais ils signifient que vous pouvez utiliser au mieux les capacités que vous avez déjà, et que cela aura un impact positif sur votre santé et votre bien-être.

Vous savez maintenant tout ce dont vous avez besoin pour commencer à penser positivement. Le reste dépend de vous. Vous seul pouvez prendre la décision de vous améliorer et d'agir pour transformer votre vie grâce au pouvoir de la positivité.

Qu'est-ce que vous attendez ?

VOTRE CADEAU GRATUIT

Nous aimerions vous offrir un cadeau pour vous remercier d'avoir acheté ce livre. Vous pouvez choisir parmi tous nos autres titres publiés.

Vous pouvez obtenir un accès immédiat à tous nos livres en cliquant sur le lien ci-dessous et en vous inscrivant sur notre liste de diffusion :

https://campsite.bio/mastertoday

Nos autres livres

Force Mentale et Maîtrise de la Discipline : *Renforcez votre Confiance en vous pour Débloquer votre Courage et votre Résilience !*

(Comprend un Manuel Pratique en 10 Étapes et 15 Puissants Exercices)

Renforcez votre confiance en vous et libérez votre courage pour surmonter les difficultés et performer dans n'importe quelle condition !

La ténacité mentale vous aidera à vous élever au-dessus des nombreuses personnes qui sont facilement affectées par les circonstances extérieures telles que les défis, les obstacles et les mésaventures. Elle vous permet d'être performant sous pression et de surmonter les défis de la vie.

Ce livre vous donne les clés pour développer une véritable force mentale.

Imaginez-vous en train de faire face aux problèmes de la vie avec confiance, certitude et un courage de lion. Imaginez-vous en train de faire face à n'importe quel problème ou revers qui pourrait survenir. Êtes-vous prêt pour cela ?

Si oui, ce livre sur la maîtrise de la discipline et de la force mentale est pour vous !

Renforcez votre confiance en vous et libérez votre courage et votre résistance pour faire face à l'adversité... Persévérez, gérez la pression et respectez vos plans. Arrêtez de gaspiller votre énergie et profitez de la vie plus que vous ne le pensiez !

Endurcissez votre esprit et maîtrisez votre discipline, contrôlez vos impulsions et supportez la détresse émotionnelle et psychologique qui est à l'origine des malheurs. Faites en sorte que les sentiments d'accablement, d'épuisement ou de surcharge soient des symptômes du passé.

Dans le livre **Résistance mentale et maîtrise de la discipline,** vous découvrirez :

- Ce qu'est la ténacité mentale, et ce qu'elle n'est pas...
- Les traits de caractère que les personnes mentalement fortes ont appris pour dépasser la médiocrité.
- Pourquoi la motivation et la volonté ne sont pas des outils fiables.
- Comment la discipline vous aide à mieux profiter de la vie.
- Comment la force mentale est l'ingrédient essentiel de la réussite.
- Les clés pour renforcer votre esprit et débloquer des pics de performances.
- Comment vous pouvez retarder la gratification avec facilité.

Devenez mentalement fort. Le livre comprend un cahier d'exercices étape par étape et 15 exercices puissants qui vous aideront à transformer ce que vous apprendrez tout au long de ce livre en habitudes quotidiennes !

N'abandonnez pas lorsque la vie devient difficile. Maîtrisez votre esprit et votre discipline pour devenir résilient. Commencez votre entraînement et prenez votre exemplaire de ce livre dès aujourd'hui pour affronter l'adversité avec courage !

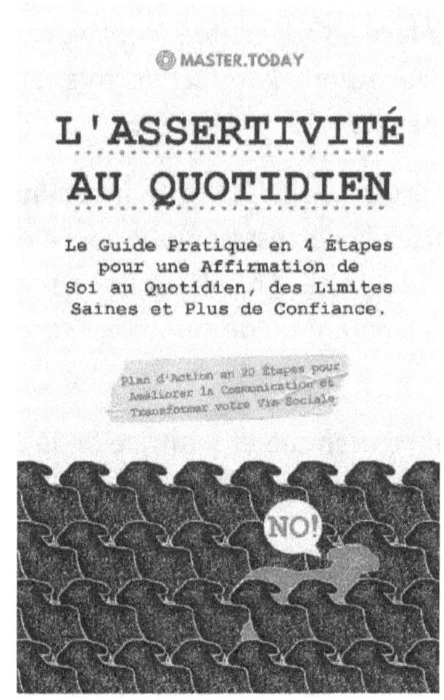

L'Assertivité au Quotidien : *Le Guide Pratique en 4 Étapes pour une Affirmation de Soi au Quotidien, des Limites Saines et Plus de Confiance*

(Plan d'Action en 20 Étapes pour Améliorer la Communication et Transformer votre Vie Sociale)

Avez-vous l'impression de ne pas être assez sûr de vous ? En avez-vous assez que les gens profitent de vous ?

Vous pensez peut-être : *"Je ne veux pas offenser les gens. Je veux juste qu'ils m'apprécient."* Mais que se passe-t-il s'ils ne comprennent pas le message et ne cessent de demander votre attention et votre aide ? Et s'ils continuent à insister et à exiger davantage de votre temps, de votre énergie ou de votre argent ?

Comment vous sentirez-vous ? Et comment cela affectera-t-il vos objectifs et vos relations avec les autres à long terme ?

Le livre L'Assertivité au Quotidien est un cahier d'exercices conçu pour vous aider à vous transformer d'une personne passive qui fait toujours plaisir aux autres en une personne assertive qui s'exprime, fixe des limites saines et dit non quand c'est nécessaire. Il fournit des outils pratiques qui peuvent être utilisés dans tous les domaines de la vie - à la maison, à l'école, au travail ou dans des contextes sociaux. Ce livre a aidé des milliers de personnes à gagner en confiance en apprenant à dire NON ! sans se sentir coupable. Il est temps pour VOUS d'apprendre ces compétences aussi !

Ce livre vous apprendra comment cesser d'être passif et devenir assertif avec les personnes de votre vie. Voici un aperçu des choses que vous apprendrez à faire :

- Être plus confiant.
- Arrêtez de laisser les autres vous marcher sur les pieds.
- Fixez des limites saines qui fonctionnent pour VOUS !
- Dites NON quand il le faut, sans culpabilité ni honte.
- Obtenez ce que VOUS voulez des relations, des amitiés, des membres de votre famille, etc.
- Ne vous sentez plus exploité par votre entourage.
- Fixez des limites et dites non quand c'est nécessaire.
- Prenez votre vie en main !

Achetez L'Assertivité au Quotidiendès aujourd'hui !
Pour en savoir plus, cliquez ici :

https://master.today/books